書名：地理輯要
系列：心一堂術數古籍珍本叢刊　堪輿類
作者：〔清〕余鵬　輯

主編、責任編輯：陳劍聰
心一堂術數古籍珍本叢刊編校小組：陳劍聰　素聞　梁松盛　鄒偉才　虛白盧主

出版：心一堂有限公司
地址／門市：香港九龍尖沙咀東麼地道六十三號好時中心LG 六十一室
電話號碼：+852-6715-0840
網址：www.sunyata.cc
電郵：sunyatabook@gmail.com
網上書店：http://book.sunyata.cc
網上論壇：http://bbs.sunyata.cc/

版次：二零一四年二月初版
平裝

定價：港幣　一百八十元正
人民幣　一百八十元正
新台幣　六百八十元正

國際書號：ISBN 978-988-8266-48-7

香港及海外發行：香港聯合書刊物流有限公司
地址：香港新界大埔汀麗路三十六號中華商務印刷大廈三樓
電話號碼：+852-2150-2100
傳真號碼：+852-2407-3062
電郵：info@suplogistics.com.hk

台灣發行：秀威資訊科技股份有限公司
地址：台灣台北市內湖區瑞光路七十六巷六十五號一樓
電話號碼：+886-2-2796-3638
傳真號碼：+886-2-2796-1377
網路書店：www.govbooks.com.tw
www.bodbooks.com.tw
經銷：易可數位行銷股份有限公司
地址：台灣新北市新店區寶橋路二三五巷六弄三號五樓
電話號碼：+886-2-8911-0825
傳真號碼：+886-2-8911-0801
email：book-info@ecorebooks.com
易可部落格：http://ecorebooks.pixnet.net/blog

中國大陸發行・零售：心一堂書店
深圳地址：中國深圳羅湖立新路六號東門博雅負一層零零八號
電話號碼：+86-755-8222-4934
北京地址：中國北京東城區雍和宮大街四十號
心一店淘寶網：http://sunyatacc.taobao.com

心一堂術數古籍 珍本叢刊 總序
整理

術數定義

術數，大概可謂以「推算（推演）、預測人（個人、群體、國家等）、事、物、自然現象、時間、空間方位等規律及氣數，並或通過種種『方術』，從而達致趨吉避凶或某種特定目的」之知識體系和方法。

術數類別

我國術數的內容類別，歷代不盡相同，例如《漢書·藝文志》中載，漢代術數有六類：天文、曆譜、五行、蓍龜、雜占、形法。至清代《四庫全書》，術數類則有：數學、占候、相宅相墓、占卜、命書、相書、陰陽五行、雜技術等，其他如《後漢書·方術部》、《藝文類聚·方術部》、《太平御覽·方術部》等，對於術數的分類，皆有差異。古代多把天文、曆譜、及部份數學均歸入術數類，而民間流行亦視傳統醫學作為術數的一環；此外，有些術數與宗教中的方術亦往往難以分開。現代學界則常將各種術數歸納為五大類別：命、卜、相、醫、山，通稱「五術」。

本叢刊在《四庫全書》的分類基礎上，將術數分為九大類別：占筮、星命、相術、堪輿、選擇、三式、讖諱、理數（陰陽五行）、雜術（其他）。而未收天文、曆譜、算術、宗教方術、醫學。

術數思想與發展——從術到學，乃至合道

我國術數是由上古的占星、卜筮、形法等術發展下來的。其中卜筮之術，是歷經夏商周三代而通過

「龜卜、蓍筮」得出卜（筮）辭的一種預測（吉凶成敗）術，之後歸納並結集成書，此即現傳之《易經》。經過春秋戰國至秦漢之際，受到當時諸子百家的影響、儒家的推崇，遂有《易傳》等的出現，原本是卜筮術書的《易經》，被提升及解讀成有包涵「天地之道（理）」之學。因此，《易・繫辭傳》曰：「易與天地準，故能彌綸天地之道。」

漢代以後，易學中的陰陽學說，與五行、九宮、干支、氣運、災變、律曆、卦氣、讖緯、天人感應說等相結合，形成易學中象數系統。而其他原與《易經》本來沒有關係的術數，如占星、形法、選擇，亦漸漸以易理（象數學說）為依歸。《四庫全書・易類小序》云：「術數之興，多在秦漢以後。要其旨，不出乎陰陽五行，生尅制化。實皆《易》之支派，傅以雜說耳。」至此，術數可謂已由「術」發展成「學」。

及至宋代，術數理論與理學中的河圖洛書、太極圖、邵雍先天之學及皇極經世等學說給合，通過術數以演繹理學中「天地中有一太極，萬物中各有一太極」（《朱子語類》）的思想。術數理論不單已發展至十分成熟，而且也從其學理中衍生一些新的方法或理論，如《梅花易數》、《河洛理數》等。

在傳統上，術數功能往往不止於僅僅作為趨吉避凶的方術，及「能彌綸天地之道」的學問，亦有其「修心養性」的功能，「與道合一」（修道）的內涵。《素問・上古天真論》：「上古之人，其知道者，法於陰陽，和於術數。」數之意義，不單是外在的算數、歷數、氣數，而是與理學中同等的「道」、「理」--心性的功能，北宋理氣家邵雍對此多有發揮：「聖人之心，是亦數也」、「萬化萬事生乎心」、「心為太極」。《觀物外篇》：「先天之學，心法也。……蓋天地萬物之理，盡在其中矣，心一而不分，則能應萬物。」反過來說，宋代的術數理論，受到當時理學、佛道及宋易影響，認為心性本質上是等同天地之太極。天地萬物氣數規律，能通過內觀自心而有所感知，即是內心也已具備有術數的推演及預測、感知能力；相傳是邵雍所創之《梅花易數》，便是在這樣的背景下誕生。

《易・文言傳》已有「積善之家，必有餘慶；積不善之家，必有餘殃」之說，至漢代流行的災變說及讖緯說，我國數千年來都認為天災，異常天象（自然現象），皆與一國或一地的施政者失德有關；下至家族、個人之盛衰，也都與一族一人之德行修養有關。因此，我國術數中除了吉凶盛衰理數之外，人心的德行修養，也是趨吉避凶的一個關鍵因素。

術數與宗教、修道

在這種思想之下，我國術數不單只是附屬於巫術或宗教行為的方術，又往往是一種宗教的修煉手段－通過術數，以知陰陽，乃至合陰陽（道）。「其知道者，法於陰陽，和於術數。」例如，「奇門遁甲」術中，即分為「術奇門」與「法奇門」兩大類。「法奇門」中有大量道教中符籙、手印、存想、內煉的內容，是道教內丹外法的一種重要外法修煉體系。甚至在雷法一系的修煉上，亦大量應用了術數內容。此外，相術、堪輿術中也有修煉望氣（氣的形狀、顏色）的方法；堪輿家除了選擇陰陽宅之吉凶外，也有道教中選擇適合修道環境（法、財、侶、地中的地）的方法，以至通過堪輿術觀察天地山川陰陽之氣，亦成為領悟陰陽金丹大道的一途。

易學體系以外的術數與的少數民族的術數

我國術數中，也有不用或不全用易理作為其理論依據的，如揚雄的《太玄》、司馬光的《潛虛》。也有一些占卜法、雜術不屬於《易經》系統，不過對後世影響較少而已。

外來宗教及少數民族中也有不少雖受漢文化影響（如陰陽、五行、二十八宿等學說）但仍自成系統的術數，如古代的西夏、突厥、吐魯番等占卜及星占術，藏族中有多種藏傳佛教占卜術、苯教占卜術、擇吉術、推命術、相術等；北方少數民族有薩滿教占卜術；不少少數民族如水族、白族、布朗族、佤族、彝族、苗族等，皆有占雞（卦）草卜、雞蛋卜等術，納西族的占星術、占卜術，彝族畢摩的推命術、占卜術……等等，都是屬於《易經》體系以外的術數。相對上，外國傳入的術數以及其理論，對我國術數影響更大。

曆法、推步術與外來術數的影響

我國的術數與曆法的關係非常緊密。早期的術數中，很多是利用星宿或星宿組合的位置（如某星在某州或某宮某度）付予某種吉凶意義，并據之以推演，例如歲星（木星）、月將（某月太陽所躔之宮次）等。不過，由於不同的古代曆法推步的誤差及歲差的問題，若干年後，其術數所用之星辰的位置，已與真實星辰的位置不一樣了；此如歲星（木星），早期的曆法及術數以十二年為一周期（以應地支），與木星真實周期十一點八六年，每幾十年便錯一宮。後來術家又設一「太歲」的假想星體來解決，是歲星運行的相反，週期亦剛好是十二年。而術數中的神煞，很多即是根據太歲的位置而定。又如六壬術中的「月將」，原是立春節氣後太陽躔娵訾之次而稱作「登明亥將」，至宋代，因歲差的關係，要到雨水節氣後太陽才躔娵訾之次，當時沈括提出了修正，但明清時六壬術中「月將」仍然沿用宋代沈括修正的起法沒有再修正。

由於以真實星象周期的推步術是非常繁複，而且古代星象推步術本身亦有不少誤差，大多數術數除依曆書保留了太陽（節氣）、太陰（月相）的簡單宮次計算外，漸漸形成根據干支、日月等的各自起例，以起出其他具有不同含義的眾多假想星象及神煞系統。唐宋以後，我國絕大部份術數都主要沿用這一系統，也出現了不少完全脫離真實星象的術數，如《子平術》、《紫微斗數》、《鐵版神數》等。後來就連一些利用真實星辰位置的術數，如《七政四餘術》及選擇法中的《天星選擇》，也已與假想星象及神煞混合而使用了。

隨着古代外國曆（推步）、術數的傳入，如唐代傳入的印度曆法及術數，元代傳入的回回曆等，其中我國占星術便吸收了印度占星術中羅睺星、計都星等而形成四餘星，又通過阿拉伯占星術而吸收了其中來自希臘、巴比倫占星術的黃道十二宮、四元素學說（地、水、火、風），並與我國傳統的二十八宿、五行說、神煞系統並存而形成《七政四餘術》。此外，一些術數中的北斗星名，不用我國傳統的星名：天樞、天璇、天璣、天權、玉衡、開陽、搖光，而是使用來自印度梵文所譯的：貪狼、巨門、祿存、文曲，廉貞、武曲、破軍等，此明顯是受到唐代從印度傳入的曆法及占星術所影響。如星命術的《紫微斗數》及堪輿術的《撼龍經》等文獻中，其星皆用印度譯名。及至清初《時憲曆》，置閏之法則改用西法「定氣」。清代以後的術數，又作過不少的調整。

陰陽學——術數在古代、官方管理及外國的影響

術數在古代社會中一直扮演着一個非常重要的角色，影響層面不單只是某一階層、某一職業、某一年齡的人，而是上自帝王，下至普通百姓，從出生到死亡，不論是生活上的小事如洗髮、出行等，大事如建房、入伙、出兵等，從個人、家族以至國家，從天文、氣象、地理到人事、軍事，從民俗、學術到宗教，都離不開術數的應用。我國最晚在唐代開始，已把以上術數之學，稱作陰陽（學），行術數者稱陰陽人。（敦煌文書、斯四三二七唐《師師漫語話》：「以下說陰陽人謾語話」，此說法後來傳入日本，今日本人稱行術數者為「陰陽師」）。一直到了清末，欽天監中負責陰陽術數的官員中，以及民間術數之士，仍名陰陽生。

古代政府的中欽天監（司天監），除了負責天文、曆法、輿地之外，亦精通其他如星占、選擇、堪輿等術數，除在皇室人員及朝庭中應用外，也定期頒行日書、修定術數，使民間對於天文、日曆用事吉

凶及使用其他術數時，有所依從。

中國古代政府對官方及民間陰陽學及陰陽官員，從其內容、人員的選拔、培訓、認證、考核、律法監管等，都有制度。至明清兩代，其制度更為完善、嚴格。

宋代官學之中，課程中已有陰陽學及其考試的內容。（宋徽宗崇寧三年〔一一零四年〕崇寧算學令：「諸學生習……並曆算、三式、天文書。」，「諸試……三式即射覆及預占三日陰陽風雨。天文即預定一月或一季分野災祥，並以依經備草合問為通。」

金代司天臺，從民間「草澤人」（即民間習術數之士）考試選拔：「其試之制，以《宣明曆》試推步，及《婚書》、《地理新書》試合婚、安葬，並《易》筮法，六壬課、三命、五星之術。」（《金史》卷五十一·志第三十二·選舉一）

元代為進一步加強官方陰陽學對民間的影響、管理、控制及培育，除沿襲宋代、金代在司天監掌管陰陽學及中央的官學陰陽學課程之外，更在地方上增設陰陽學之課程（《元史·選舉志一》：「世祖至元二十八年夏六月始置諸路陰陽學。」）地方上也設陰陽學教授員，培育及管轄地方陰陽人。（《元史·選舉志一》：「（元仁宗）延祐初，令陰陽人依儒醫例，於路、府、州設教授員，凡陰陽人皆管轄之，而上屬於太史焉。」）自此，民間的陰陽術士（陰陽人），被納入官方的管轄之下。

至明清兩代，陰陽學制度更為完善。中央欽天監掌管陰陽學，明代地方縣設陰陽學正術，各州設陰陽學典術，各縣設陰陽學訓術。陰陽人從地方陰陽學肄業或被選拔出來後，再送到欽天監考試。（《大明會典》卷二二三：「凡天下府州縣舉到陰陽人堪任正術等官者，俱從吏部送（欽天監），考中，送回選用；不中者發回原籍為民，原保官吏治罪。」）清代大致沿用明制，凡陰陽術數之流，悉歸中央欽天監及地方陰陽官員管理、培訓、認證。至今尚有「紹興府陰陽印」、「東光縣陰陽學記」等明代銅印，及某某縣某某之清代陰陽執照等傳世。

清代欽天監漏刻科對官員要求甚為嚴格。《大清會典》「國子監」規定：「凡算學之教，設肄業生。滿洲十有二人，蒙古、漢軍各六人，於各旗官學內考取。漢十有二人，於舉人、貢監生童內考取。附學生二十四人，由欽天監選送。教以天文演算法諸書，五年學業有成，舉人引見以欽天監博士用，貢監生童以天文生補用。」學生在官學肄業、貢監生肄業或考得舉人後，經過了五年對天文、算法、陰陽學的學習，其中精通陰陽術數者，會送往漏刻科。而在欽天監供職的官員，《大清會典則例》「欽天監」規定：「本監官生三年考核一次，術業精通者，保題升用。不及者，停其升轉，再加學習。如能黽勉供職，即予開複。仍不及者，降職一等，再令學習三年，能習熟者，准予開複，仍不能者，黜退。」除定期考核以定其升用降職外，《大清律例》中對陰陽術士不準確的推斷（妄言禍福）是要治罪的。《大清律例・一七八・術七・妄言禍福》：「凡陰陽術士不許於大小文武官員之家妄言禍福，違者杖一百。其依經推算星命卜課，不在禁限。」大小文武官員延請的陰陽術士，自然是以欽天監漏刻科官員或地方陰陽官員為主。

官方陰陽學制度也影響鄰國如朝鮮、日本、越南等地，一直到了民國時期，鄰國仍然沿用着我國的多種術數。而我國的漢族術數，在古代甚至影響遍及西夏、突厥、吐蕃、阿拉伯、印度、東南亞諸國。

術數研究

術數在我國古代社會雖然影響深遠，「是傳統中國理念中的一門科學，從傳統的陰陽、五行、九宮、八卦、河圖、洛書等觀念作大自然的研究。……傳統中國的天文學、數學、煉丹術等，要到上世紀中葉始受世界學者肯定。可是，術數還未受到應得的注意。術數在傳統中國科技史、思想史，文化史、社會史，甚至軍事史都有一定的影響。……更進一步了解術數，我們將更能了解中國歷史的全貌。」（何丙郁《術數、天文與醫學中國科技史的新視野》，香港城市大學中國文化中心。）

可是術數至今一直不受正統學界所重視，加上術家藏秘自珍，又揚言天機不可洩漏，「（術數）乃吾國科學與哲學融貫而成一種學說，數千年來傳衍嬗變，或隱或現，全賴一二有心人為之繼續維繫，賴以不絕，其中確有學術上研究之價值，非徒癡人說夢，荒誕不經之謂也。其所以至今不能在科學中成立一種地位者，實有數困。蓋古代士大夫階級目醫卜星相為九流之學，多恥道之；而發明諸大師又故為惝恍迷離之辭，以待後人探索；間有一二賢者有所發明，亦秘莫如深，既恐洩天地之秘，復恐譏為旁門左道，始終不肯公開研究，成立一有系統說明之書籍，貽之後世。故居今日而欲研究此種學術，實一極困難之事。」（民國徐樂吾《子平真詮評註》，方重審序）

現存的術數古籍，除極少數是唐、宋、元的版本外，絕大多數是明、清兩代的版本。其內容也主要是明、清兩代流行的術數，唐宋以前的術數及其書籍，大部份均已失傳，只能從史料記載、出土文獻、敦煌遺書中稍窺一鱗半爪。

術數版本

坊間術數古籍版本，大多是晚清書坊之翻刻本及民國書賈之重排本，其中豕亥魚魯，或而任意增刪，往往文意全非，以至不能卒讀。現今不論是術數愛好者，還是民俗、史學、社會、文化、版本等學術研究者，要想得一常見術數書籍的善本、原版，已經非常困難，更遑論稿本、鈔本、孤本。在文獻不足及缺乏善本的情況下，要想對術數的源流、理法、及其影響，作全面深入的研究，幾不可能。

有見及此，本叢刊編校小組經多年努力及多方協助，在中國、韓國、日本等地區搜羅了一九四九年以前漢文為主的術數類善本、珍本、鈔本、孤本、稿本、批校本等數百種，精選出其中最佳版本，分別輯入兩個系列：

一、心一堂術數古籍珍本叢刊

二、心一堂術數古籍整理叢刊

前者以最新數碼技術清理、修復珍本原本的版面，更正明顯的錯訛，部份善本更以原色精印，務求更勝原本，以饗讀者。後者延請、稿約有關專家、學者，以善本、珍本等作底本，參以其他版本，進行審定、校勘、注釋，務求打造一最善版本，供現代人閱讀、理解、研究等之用。不過，限於編校小組的水平，版本選擇及考證、文字修正、提要內容等方面，恐有疏漏及舛誤之處，懇請方家不吝指正。

心一堂術數古籍 珍本 整理 叢刊編校小組

二零一三年九月修訂

地理輯要敍

道之大也非聖賢孰能貫而通之五氣流行三才並用陰陽消長此道之自然者也聖賢察理精微觀天道健行不息察四時候氣有差於是閏有極之文伏羲畫卦始有乾坤定位山澤通氣雷風相薄水火不相射之義蓋本先天河圖之數也圖陽也主順生此中天午會前半是也其午會之後半屬陰故毎歲冬至子之半夏至午之半於是大禹治水而有靈龜負

洛戴九履一左三右七二四為肩六八為足此後天洛書之數也洛主逆克而萬物有成者也夫陽順陰逆自然之理禹王體天運而第九疇所以配先天而成道也先天者萬物生於乾南藏於坤北長養於離東潤澤於坎西動發於震巽收成於艮兌天一生壬水〻生三之甲木〻生二之丁火〻生五之中土〻生四之辛金河圖生〻不息之義陽也健也洛書者天一生坎水地六乾成之乾亦水也地二生坤火天

七兌成之兌亦火也地四生巽金王八乾離成之離亦金也天三生震木地八艮成之艮亦木也何也乾本金而屬水兌本金而屬火離本火而屬金艮本土而屬木金火互位一六二七四九三八之數然也以一六水克二七火二七火克四九金四九金克三八木三八木克中五土中五土克一六水此洛書逆克之義也夫陽生以陰成陰生以陽成萬物不克不成猶棟材器玉工斗人事耳圖主順生書主逆克一陰一

陽之謂道夫陽者動而不息是氣也陰者凝而成寔質也萬物本此陽而生遇此陰而成不動不化不化不生不克不成天地生物之道一本諸此夫地理者山陰也水陽也山本乎靜水本乎動山水相交會而成穴不交會則山自山而水自水何穴之有哉山體本靜當觀乎其動靜者凝寔之陰也觀變而動〻則為陽〻始藏生氣水體本動須觀乎其靜動者散漫之氣也觀聚而靜〻則為陰〻始有蓄藏也余於斯

道究心三十餘年博覽群書根源河洛而於動靜生死二氣之旨常廢寢食不能索其源而通其奧也嗟乎今人學地理者皆昧於此不知生氣為何物夫不知生氣雖讀書萬卷總在局外想形度勢胸中奚有明見確識耶余特輯書八卷首重郭公葬書楊公撼龍青囊玉尺黑囊斗口疑龍望龍張子微司馬公發明生氣銷詳龍虎辨劍天星究原理氣使司是業者得知龍穴砂水之正旨明其次敘脉絡之條貫庶

幾乎不昧〻於斯道而無所適從也是為之敘

旹

乾隆十六年歲在辛未春正月金谿樸園余氏書於

聚奎書舍

地理輯要總目

地理輯要卷之首

繡谷余鵬樸園氏纂輯
雲林黃元學富氏校訂

總論

堪輿之說槪而言之不過龍穴砂水四法而已然言龍則有祖宗父母枝幹主從退卸轉換過峽穿田等法言穴則有穴星穴形穴情太極圓暈羅紋土宿等法言砂則有前朝後座左龍右虎官鬼禽曜捍門華表等法言水則有來源水口水城明堂等法使不一一釋明於前則不特不能入道且不解讀古人書矣余於龍法則括之以星辰枝幹形格化氣四種於穴法則括之以正形正象奇形怪穴二種於

葬法則括之以正葬閉盤堆培二種於砂法則括之以結作砂用砂秀砂三種於水法則括之以配龍水明堂水城三種四法各為專部並不自立議論僅取古仙最精最妙真知實見之說疏明於下使人由此而了明山川之真性情真結作其人久久得悟自然豁然於心了然於目覓龍求穴探囊取物始信地理之果有一真道也今將諸部名目先羅於下以便讀後之諸書云

星辰

未入山而先見者山之星辰也故先言星辰星辰不一有五星有老九星有天機九星有六府星五星者金木水火土也金頭圓而足濶木頭圓而身直水頭平而生浪平行則如生蛇過水火頭尖而足濶

土頭平而體方。五星歌曰，金似覆釜兼仄月。木星頓笏無差別，水似生蛇腰帶同。火星菱角犁頭鐵，土如厨櫃或覆盆。此是五星正體結。五星高大者曰衝天木，衝天火，湊天土，獻天金，漲天水。其矮小者，更有種種名色，如梭子金、蛾眉金、倒地木、文枝木等類，不過因形立名。不必過求，但要認得是某星便可也。老九星者，貪狼、巨門、祿存、文曲、廉貞、武曲、破軍、左輔、右弼。貪狼即正木星，巨門即正土星，祿存乃土金兼體，形如頓鼓，脚如瓜瓞。文曲即水星，如疋練生蛇。廉貞乃數火連座，頭尖而腳帶石嶙嶒。武曲即金星。滯水。破軍形如走旗，頭高尾下。金頭火脚，火脚飛揚，如劍戟。左輔形如幞頭，金土兼，乃眠體作護之星。右弼為隱曜，無形象，乃來龍過峽穿田平坦無脊處，及平地是也。老九星歌曰貪狼頂匆笋初生巨門天馬屏風列文曲排來似柳枝惟有祿存猪屎節廉貞梳齒挂破衣武曲饅頭圓更突破軍破傘拍板同左輔幞頭無別法天機九星者太陽太陰金水紫氣天財天罡孤曜燥火掃蕩太陽乃高金太陰乃扁金金水乃金水兼體一頭兩肩紫氣即木星天財即土星有平腦雙腦凹腦三體天罡乃金頭火脚頑惡高大之金孤曜不方不圓土金兼體頑飽肥蠢之星燥火即是火星掃蕩乃紋多浪多凹凹凸凸多曲多蕩之水星也天機九星歌曰金星高扁別陰陽紫氣即是木星詳頭圓肩聳名金水天財土體三様裝天罡頑金脚拖火孤曜頑飽不圓方燥火火星掃蕩水九星楊廖各分張六府者大陰太陽紫氣月孛計羅是也又名六曜又名

三台。此星非尋常易得乃高清之氣所生生於大山頂上乃大山平處生起小星峰是也。小扁金曰太陰小高金曰太陽。小木星曰紫氣小水星曰月孛。小火星曰羅。小土星曰計。或一個或二個三個大貴一個亦大貴。凡遇見此星便可決此龍有大地。此星古今人識者罕論者亦甚少。惟楊公論於撼龍經破軍篇。吳公望龍經亦論及。他書不見也。

五星圖

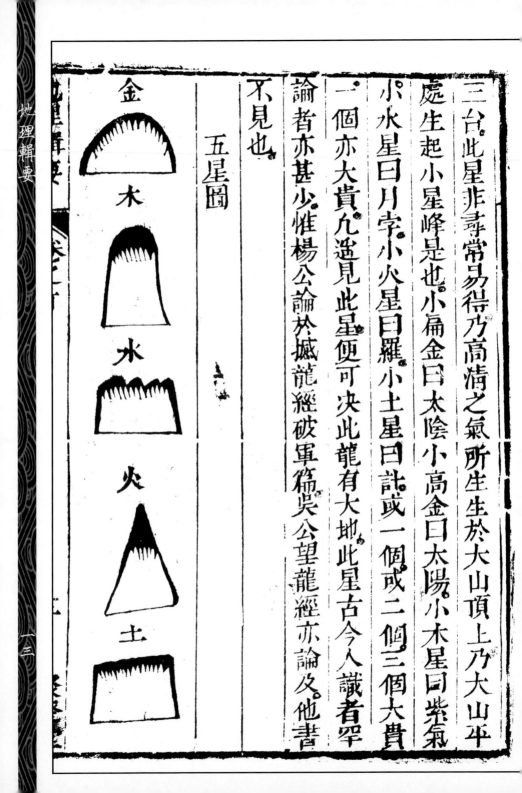

老九星圖

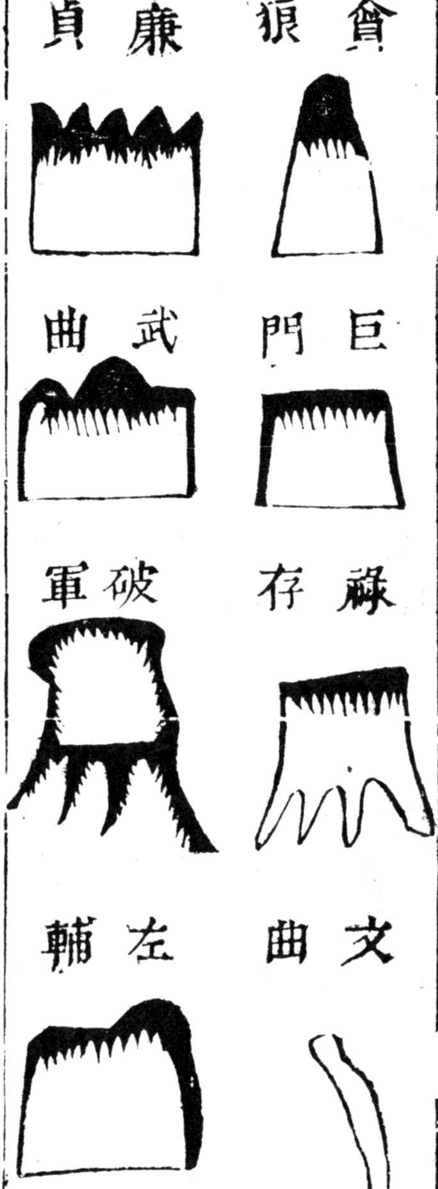

天機九星圖

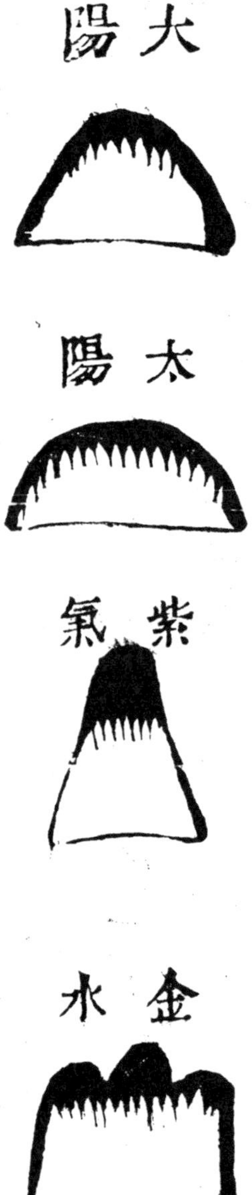

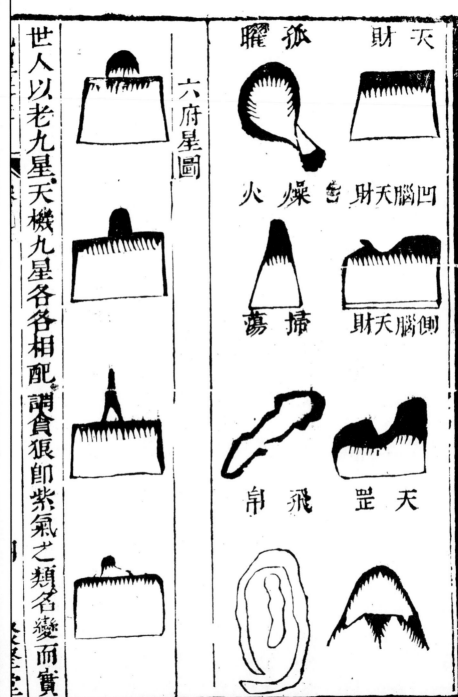

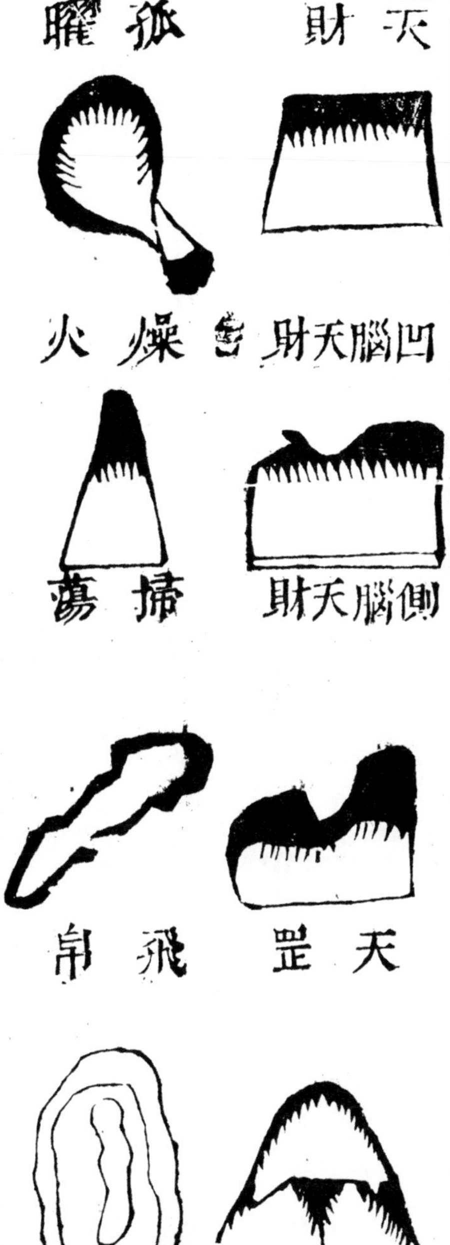

六府星圖

世人以老九星天機九星各各相配謂貪狼即紫氣之類名變而實

同非然也。其中有可配不可配者。以貪狼即紫氣。巨門即天財。此可配者也。然巨門只一體。而天財有平腦凹腦雙腦之三式。且雙腦又兼水矣。其不可配。謂祿存即孤曜。不知祿存乃多生手脚之頑土。孤曜乃不生手脚之飽金。甚相遠也。謂文曲即掃蕩。然文曲乃過脈之星。掃蕩乃山之多小泡。及多屈曲流蕩者。皆是也。謂廉貞即燥火。不知廉貞乃連氣發天之火星。而燥火則正體火星也。以武曲配金水。不知武曲係正體金星而屬金。若金水則係二星之兼體而屬金水也。以破軍配天罡。破軍如旗。乃連氣金星而手脚飛揚。天罡則頭圓身聳。金頭火脚之頑金也。至于太陽太陰。皆高扁正體金星而左輔形如幞頭。邊高邊低。為帳為護之星。烏可配太陽。右弼平坦無形。太陰蛾眉有象，何可配乎。又世人謂天機九星，乃廖公以楊公九星配象不確，故改此九星。不知天機九星原出天機素書，乃丘公之說，非廖公創出之說也。

夫九星之有不同何也。楊公九星，乃不敢近三垣，而論垣外之九星。蓋都城禁地，上合三垣，其餘富貴之氣，俱禀於北斗，九星惟此九星可以辨龍神而定結作，故老九星單爲辨龍用也。若天機九星，則龍穴砂水之形象，皆可以此辨吉凶者，直與老九星之用不同。又謂楊公九星專論龍，廖公九星專論穴，此亦非也。老九星固專論龍，至天機九星，廖公於龍穴砂水明堂五部，俱用九星辨別，曷嘗專論穴乎。正道式微，臆說亂起，即一九星，已淆訛如此矣。

六府星係望龍第一妙訣。一見龍生六府。便可決此下有一二大地。郎小枝龍有此。亦大貴地。蓋此星乃龍擬最清最貴之氣所發現。故也今人皆置之不談。焉能望龍知地乎。

今世有一種眼目不明亮者。不能辨別九星。惡曜 九星之名。每爲說曰。論星只以五星論之足矣。何必九星之多端乎。玉髓經何嘗言九星乎。抑知玉髓不論九星。乃洞玄欲另立一門戶之說。九星既爲古人論過。故彼不取九星也。若五星足以盡龍法。則古人豈好爲此多端乎。惟五星不足以辨龍。故推出九星耳。不信試出門觀山。萬山之中。有幾座正體五星耶。河圖洛書皆分九宮八方。定位五土居中故曰九宮

今人不知辨星者。走入山鄉。只見群山亂亂雜雜。不土不金。非木非

火不特不見一正體五星即以九星湊之亦湊不出竟不知此一片山是何星也蓋辨星有法凡一方群山合成大象則一水星也於中有特起尊嚴高峻星體則成七星秀麗巧妙星體則成五星其餘爲垣帳護從賬長之星皆左輔也不知此法焉能辨星

問凡一群山遠而望之如波如浪皆成水星何也曰兩間之中惟水最大其氣最盛故山川皆成水星天一生水水爲五行之始氣萬物皆稟於水水者山之本氣也分而觀之則其中之圓者爲金方者爲土長直爲木尖銳爲火合而觀之則共成一水星也遠近分合觀山之妙訣也

應星變星閒星

應星者祖上分落第一節星也與前面結穴星相應故曰應星應星

為行龍之主如應星是貪狼謂貪狼行龍也前面作穴必是乳頭若行度中間變得某星而某星獨多則穴又不從應星出又從變星出也故曰貪狼不變生乳頭變作巨門窩中求云云

變星者應星行度中剝換出某星曰變星也行度中間此星獨多者名變某星穴星必從此星出如貪狼行龍中間變出輔星多則出燕窩穴故曰變作輔星燕窠仰落在高山挂燈樣

間星者行龍中間相間之星也凡行龍必不是一星行到頭其中必有間星如貪狼行龍中間間一座祿存是也三吉行龍必要間四凶其龍始能分牙布爪四凶行龍必要間三吉始能成胎結穴三吉不間四凶則無威權即作穴不出顯貴四凶不間三吉則無花氣作穴

決犯刑凶。至於低平之山，多是祿存文曲左輔三星。問雜，其平崗蔓引屈曲者，是文曲。其起頂圓秀者，是左輔。其起頂頑飽者，是祿存。或一枝如瓜藤蔓延。起罡飽圓泡。其過度如鶴頸者。散布之祿存也。祿存不變吉星，不作穴。若左輔則多結美穴，其穴必開口開窩。今人不識星體，遇人問他，並不分祿存左輔，但答曰此金水行龍也。呵呵。

正體變體兼體貼體襯體　五體極要詳辨

正體者，五星也。變體者，九星也。兼體者，一山而兼數星也。如望之而不土不金，此土金兼體也。東望是金，西望是木，此金木兼體也。頭圓脚尖，此金火兼體也。九星中之祿存，是土金兼體。破軍是金火兼體。天機之太陰、天財、金水、天罡、孤曜，實皆兼體星辰也。看兼體要心靈月也看得活潑貼體者穴星正面上微起一星形略有分界者是矣與主星不相刑尅爲吉襯體者穴星正面上後襯出一星形明有分界者是亦要與主星不刑尅爲吉大抵穴星正面大要看貼體正面小要看襯體此二體只看穴星因二體與穴最近其生尅凶吉與穴最緊最宜仔細審察者也凡此五體俱要了明於心方可去看屋厰不則目眩心亂不能辨別矣

太祖少祖祖宗父母

太祖者最高之山爲一方發脉之祖群龍之所從出者是也大者爲一郡之主或數邑之主兩旁必有兩大水夾之其兩水中之諸龍皆其所分布者也其星大抵是廉貞火不則漲天水非水火二星不能

作祖其星遠望聳秀可觀近則岩石崚峋可驚可怕蓋是一片罡煞之氣所成若非罡煞之氣焉能兀立空中受八風之吹射耶太祖之氣亦有厚薄貴賤欲知其厚薄看其分布若分布諸龍行得長遠濶大則其氣強而厚若局促短狹則其氣薄而弱矣欲知其貴賤看其局勢若太祖之旁群峰簇擁太祖之星成格成局者貴也若孤高無護則賤矣太祖之星端嚴方正則其所生人物多正人君子若偏斜歪側則此方之人多奸邪小人矣

少祖者自太祖分落之後再起大山作此方諸幹龍之祖是也其星不同太祖要端正秀麗精神光彩方能結作山若聳秀多成貴穴若肥厚多發丁財也

祖宗父母者。自巳一龍之山也。祖宗者。從少祖分落之後。再起一尊星。此星必要得吉星。開屏列帳。成格成局。方能結得美穴。若此星無力。必不能成美穴矣。父母者。穴星後蓋穴星之山是也。要合得一吉星。張得兩翅。方能結作。若無此便不能作穴矣。太祖少祖是辨大地之用。祖宗山是辨中地之用。父母則小地之用也。若無父母山。止有一主星結穴者。則是旁落小結。微而又微者矣。然大地起自太祖。再起少祖。然後成父母結穴。世無無父母之穴。

太祖少祖祖宗父母之說。一步緊一步。凡擇地以自巳之祖宗父母爲重。中下之地。少祖太祖可置之不問者。此常說也。然山川變化難以拘定。有等純陽行龍。一路平坦直至致頭頓起一星。穴便結在此星之上不特不見祖宗之山即父母之山亦無此等結作又不得以祖宗父母言也平坦鋪氈龍勢最厚突起一堆陽勝降陰前有堂局大富大貴北方多此南方少有

龍法枝幹脫卸剝換格局胎伏

枝幹者辨龍之第一義也從太祖上辨枝幹則知大幹大枝從少祖上辨枝幹則知此一枝一幹之枝也幹龍力大福厚枝龍自然不及地之大小幹仅一辨立决也幹龍多從中行枝龍如左右手兩邊護送兩水夾盡爲幹亦有幹從一邊走而枝龍俱在一邊其一邊幹則愈行愈有力而一邊之諸枝俱短縮不能長遠此等幹龍由此一方有兩個祖山其幹靠在兩界上走故如是也枝是幹之旁分邊輕邊重止收得一邊水觀收水而幹枝分矣又有枝中乾枝中枝枝中幹

者。雖止收得一邉大水。而自巳祖宗另起一帳。帳下之水斉合於面前。而兩旁之砂。皆護水入局。枝中枝者。不過小分一枝。止收得一邉小水上堂。一賓一主。有情之小結而巳。大幹如人身之臍腹。枝中幹如人手之中指。枝中枝如人手之大小指。大幹爲郡縣將相之龍。枝中幹有格者。亦可至二三品。須看其格之高下而分之也。小枝則不過丁財耳。

枝幹圖

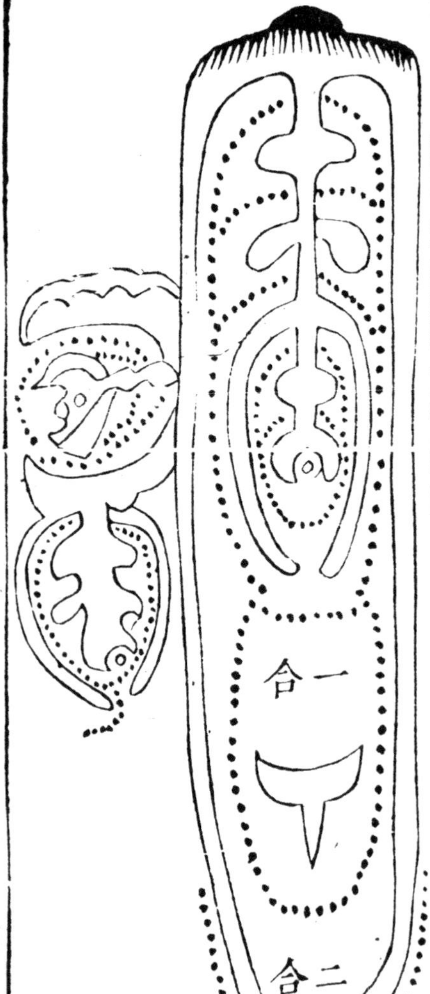

脫節剝換者乃脫去粗老再換細嫩也不論枝幹俱要看其發龍之初必是粗惡頑蠢須一跌一斷脫去兇頑改換秀美方能結作故看龍必要看脫換也凡龍皆從老剝嫩而穴始成又有一等龍既剝嫩後反換出老來此有兩法一則嫩處結美穴而剝出之頑星去作水口一則剝老成祖於下再剝出嫩枝成穴也有等凶龍迢迢而走並不跌斷剝換直至穴場氣勢強雄護從周密大為俗人所喜不知不經脫卸煞氣未除乃草寇滅族之大凶地也

格局者所以辨龍之貴賤者也龍經剝換之後須看其有格無格有格者則為貴龍若無格雖體勢強旺終不過發富發下不能發貴顧有幹龍而反不發貴有係枝龍而反發清貴有格無格之故也能格

之備莫備於玉髓經泄天機二書然百千難遇者識之可不識之亦無不可故余取其尋常必用者於左。

貴格圖

龍樓

寶殿

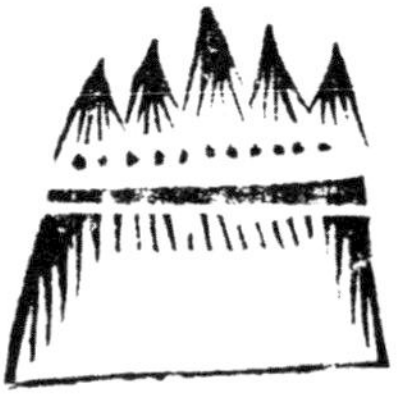

玉屏

穿帳

三台

華蓋

梧桐枝

楊柳枝

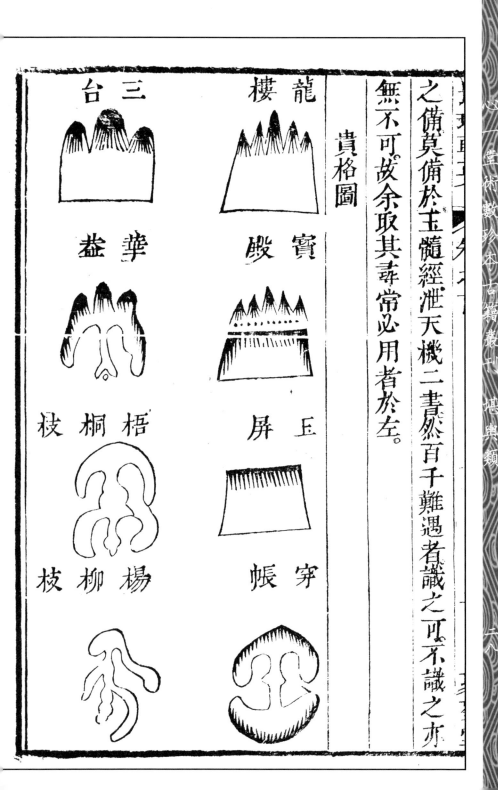

杞梓

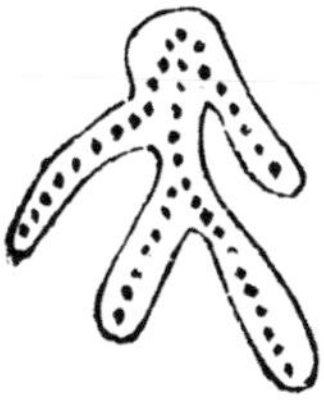

帳下貴人

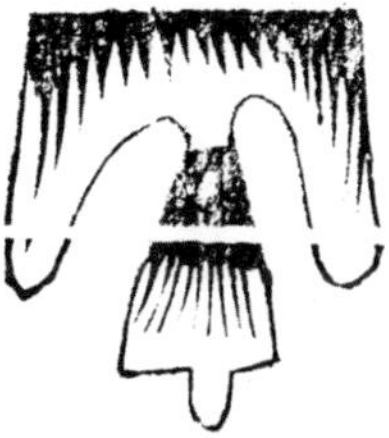

水木蘆鞭

蘆花

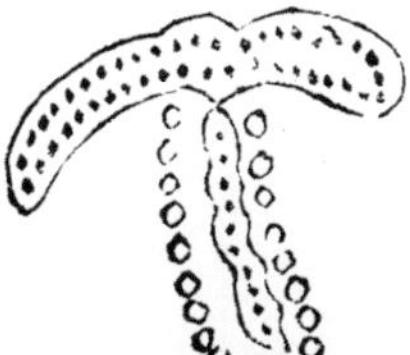

王字

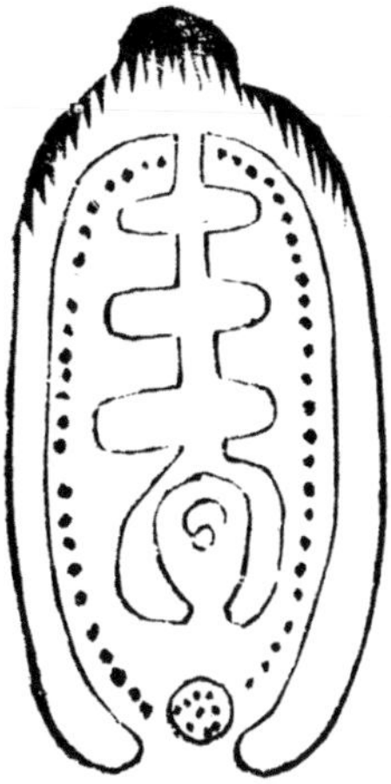

御座

捲簾

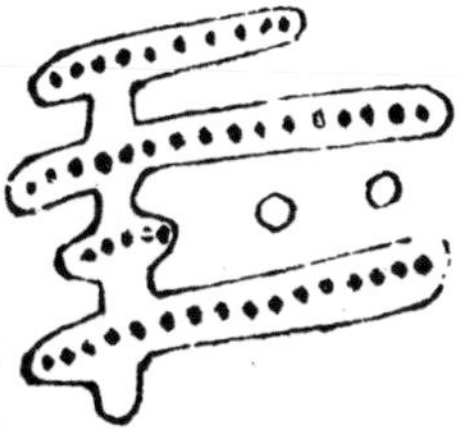

串珠

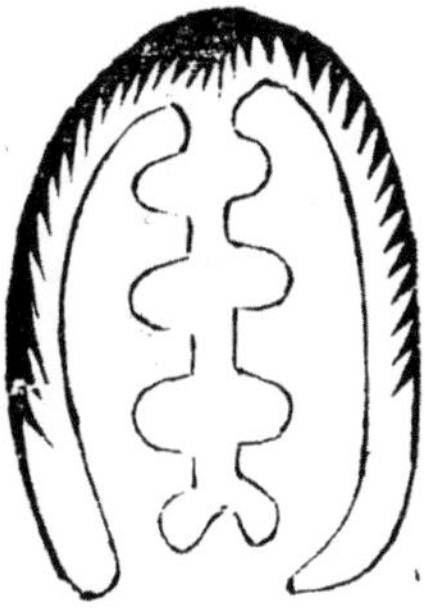

蛛絲

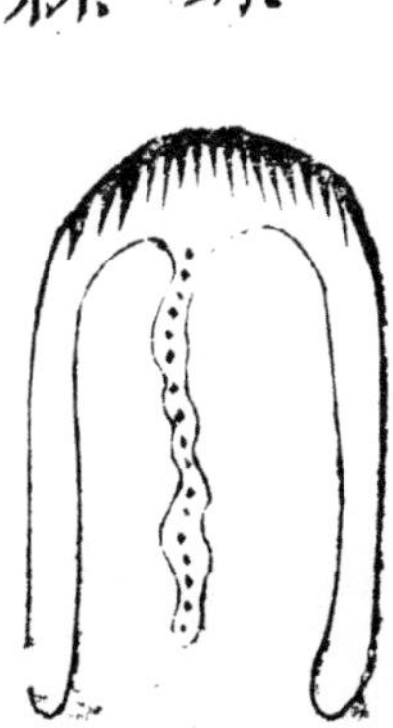

馬跡

蜂腰

鶴膝

玉尺

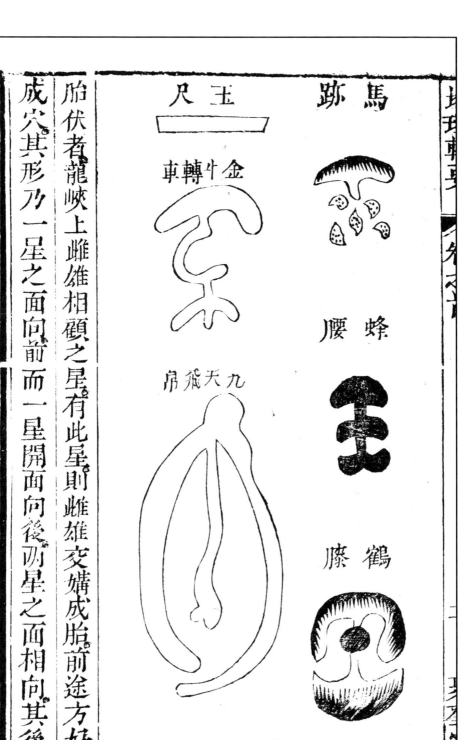

金牛轉車

九天飛帛

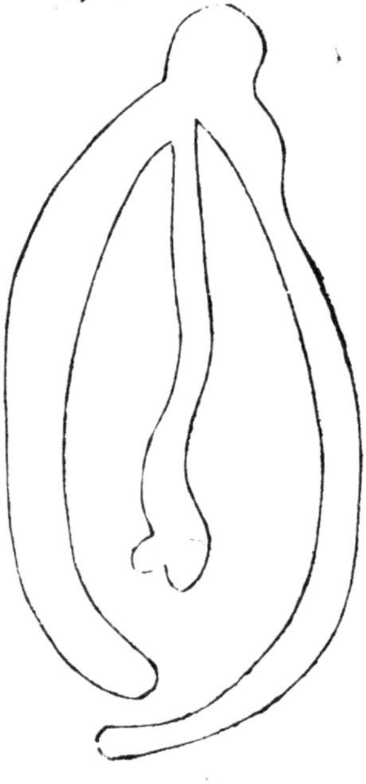

胎伏者龍峽上雌雄相顧之星有此星則雌雄交媾成胎前途方好成穴其形乃一星之面向前而一星開面向後兩星之面相向其後

陽來葬鉗窩穴。陰來葬乳突穴是也

陽龍是男象乳突穴是也

陰龍是女人象鉗窩穴是也

星為雄曰伏前星為雌曰胎其龍脈則從胎星背後落去也金函云伏胎三十六傳伏有十八格胎有十八格也此乃龍上結作之妙義而世人多不識有等盲術乃於此星及金牛轉車中點天穴奈之何哉

陽來陰受血包精血包精兮乾道成乾道成男結乳穴陰來陽受精包血精包血兮坤道成坤道成女結鉗穴此是陰陽交媾

世人論龍多喜起伏不知起伏多非龍之美也起伏是枝龍之體度若大幹龍不論高山平岡能挺腰直行不起星峰並無起伏故曰正龍頭上不生峯若能平行數里貴不可言里許亦大貴半里數節亦結上貴之地人以起伏為妙不知其妙處正不在此在一平直也世

男小袟
女陰門
是也

人論龍喜直長不知直長非龍之貴也直龍是賤龍之體度若貴龍不論高山平崗能張翅横濶惟横濶始能大迎大送成出許多美格惟横濶之龍不論枝幹俱出大貴人以延長爲妙不知妙處正不在此在一横濶也凡天下妙道必與庸論相反一反庸論便是妙道耳

附認枝幹要訣于後

認枝幹要訣　幹龍之行平硬長嶺多不生峯體度尊嚴巍峩綿遠或數千里數百里剝換纏度若障天之水若巡山之火若連雲之金若倒勢之木若御屏之土徑行徑徃而不顧入兩旁護衛定然繁盛如鎗旗之映日君父之出入其結穴多居峰巔之上以高山爲局其勢多順用盡數千里數百里山川或合聚講垣局方量

甚重多產清貴上品人物或王侯公相或禁地其隨龍大界水定是長江大河源流甚遠入山之時當細查此山祖宗始來自何方行從何方盡從何方左右两水從何處交會交會之內定有真龍正穴當登絕頂遠望諸山何處起頂何處過峽何處團聚何處散漫其團聚之處實有融結散漫之處定是行龍初落中落末落要知三個陰陽或居起伏或居平崗或居平洋惟在山水聚會之處求之耳枝龍之體變換無常形體低小多生峯巒左右枝脚多偏生形勢多短縮出脈多偷閃或脊背星體如欄樓之木如櫃庫之土如滚浪之金如流珠之水如爐中之火行度多逶迤屈曲灣環爲人結穴多廻龍局垣多偏小此言枝龍之大槩耳若夫枝中之

幹幹中之枝自已成了星辰剥換合了格局力量可以自主或傍祖而成家者或挺然自立門戸而成家者行度與幹龍無殊但分遠近之勢別力量之大小耳大幹則大聚小幹則小聚大枝則小聚而小枝亦有聚焉然聚雖有大小而其理皆同或陰盛陽衰而結陰陽盛陰衰而結陽要察枝幹之分當究體勢之落葉盛枝番須尋腰落葉疎枝朗盡處堪裁幹脊大勢若回曲中有貴枝亦堪作若有雌雄兩枝並出雄者爲主雌者爲護若兩分無雌雄之別二者俱結老幹生嫩枝結穴必近嫩枝傳老幹其行必遠前低後低中節高聳性情面左左邊尋穴右亦如之形勢奇特定是一局之尊粗頑濁嶺必是他山之垣翻身回顧局中有結盡頭砂飛水

走腰間定有堪扦又有平地行龍格藏踪失跡最玄微要知原脈是何施兩水夾來是眞機不然横絶是東西更有草蛇灰線推蘆鞭玉尺多平地似有似無令人疑要識中間線穿線須明平地墩復墩大而衆者小爲迹小而衆者大爲特如居高阜穴復平直而復直灣中得平中一突最爲奇石穴傍水人莫識更有盞内浮酥酪池湖堅墩氣甚益以上諸訣乃龍穴之眞髓若夫九星剥換四星察脉非時師所能知也淵源之旨珍之味之

泄天機以生死强弱順逆進退辨龍美惡其言曰生是昂首多節目死是無起伏强是奔走勢力弘弱是瘦崚嶒順是開脚向前往逆是轉後退進是龍神節節高退是漸蕭條生强順進皆爲好富貴兼壽

考死弱退逆最為凶夭折受貧窮以此辨龍未嘗不是然是膚淺之論龍法之妙在辨枝幹以分大小別星辰以定吉凶惟疑龍撼龍望龍三經始得山川之真性情真結法方能天造地設一定之妙理然其理精深難與不知者道也

陰陽

陰陽者地理家之神髓了得二字則綱目便通無餘事矣蓋地理之道不過陰中求陽陽中覓陰而已凡龍穴砂水四者俱要辨其陰陽而論峽論穴尤緊將次論峽與穴故於此先辨明焉但陰陽有楊廖之說兩家相反楊以龍之高峻起脊瘦勁為陰以穴之覆掌乳突為陰以砂之突背邊為陰以水之長狹急流處為陰陰者剛而雄也以

龍之低平坦夷肥潤爲陽以穴之仰掌窩鉗爲陽以砂之凹面灣爲陽以水之圓潤澄聚處爲陽々者柔而雌也龍要陰陽脈行陽龍要陰穴陰龍要陽穴穴要陰內含陽乳突上開凹陽內生陰窩鉗內生突砂要陽面向穴陰背當風水要陽聚面前陰作來源去口此則爲陰陽相生牝牡交媾始爲生氣也大抵陰剛則帶煞陽柔則恐散漫故不宜偏勝但作穴之塲則喜陽多陰少主星宜開面舒陽不宜頑罡四砂俱宜陽面向穴不宜反背明堂宜平圓忌直狹水宜澄聚忌直射立在穴中滿目俱見陽氣爲吉一處見陰便是刑煞宜避也廖公以剛雄爲陽柔雌爲陰故與楊公之論反而論法實不相遠也讀二公之書者宜分辨觀之

楊以柔夷爲陽爲雌剛急爲陰爲雄廖以剛雄宜爲陽柔雌宜爲陰
故反楊說廖說不爲無理但其所見膚淺耳朱文公曰天之道陽剛
而陰柔故陽雄而陰雌地之道陰剛而陽柔故陰雄而陽雌天地二
道相反者也廖公不知天道地道之不同將地理俱以天道陰陽論
故云爾也楊說是萬世不易之正論如天下平地曰平陽豈曰平陰

○評

廖公以凸起爲陽凹下爲陰其論四象取胍息窟突四者爲老陰老
陽少陰少陽窟者窩凹也爲老陰突者壅泡也爲老陽胍者突上之
窩凹爲少陰息者窟內之微突爲少陽其胍字音孤乃腹上之臍是
者與脈字大不同後人不明字義誤認做脈字更寫作此脉字而訛

以傳訛竟說不明矣若是脉字則是落穴之總名焉可取為四象乎
兼之為廖作傳註者演出許多脉字之說而廖公之妙義埋沒盡矣

生氣

生氣者地理之主葬不過乘生氣而已生氣者從陰陽交媾水火既濟中出者也一有偏枯生氣便索愈偏愈索偏至純陰純火則成尖利之殺氣偏至純陽純水則成散漫之死氣純陽純水則為壅腫之病氣純陰純火則為枯燥之敗氣四種惡氣俱不可犯故察生氣為第一義也生氣不可言傳止可目識識得生氣則不必能認星辰分枝幹察穴情辨砂水而為人下穴決無不當何也蓋種種等法不過為生氣而設既得生氣則諸法原可不論矣吾嘗言生氣一門猶釋

氏之有禪單刀直入便得佛頂三昧更不必置片言隻字者也但生氣二字古經罕言惟郭氏發之司馬頭陀論之餘仙俱不說及非不欲言難言也雖然生氣不可言傳今旣言生氣吾且姑言之生氣之所在其形色土石亦有可見者其形則生動而不蠢死其色則光彩而不晦暗其土則堅潤而不鬆散其石則細膩而不燥燄此其可言者也其不可言者亦可從此而漸明凡龍有生氣則吉穴有生氣則眞砂有生氣則有情水有生氣則澄聚故生氣爲要也堪輿者能認生氣則地理無餘事矣

夫生氣者陰陽交會動靜呼吸之間渾然一太極也如花中心蕋中核粟中芽核中仁陰包陽陽包陰平夷軟塊是也

化機那處尋能觀變

方能識化生氣從何
覓脈百死自曉一生

過峽穿田

過峽穿田即龍法之大剝換也然龍之大小貴賤穴之正側順逆高低其情俱露於峽中故另立一法講也過峽穿田兩者雖俱是龍之大斷處而穿田是陽氣過峽是陰氣陽氣喜舒故穿田宜平坦長濶展舒一邊有護則一邊不必有護不畏風吹惟大幹龍眞貴龍始有此蓋山係陰體而能兼陽氣以行自然好也陰氣喜歛故峽宜短宜緊兩邊俱要緊夾大忌風射不論枝幹龍俱有之蓋不過峽則不能大剝換也太龍之峽大開大帳大迎大送兩邊天乙太乙吉星拱夾峽中前後多結好穴所謂峽前峽後好尋龍也此等之峽前去必結

上等貴穴若大勢長峽而不開張護從單薄而不重疊夾拱空缺而不周密則漸殺而漸下矣凡峽中測龍來大去小者其作穴必近來小去大者其作穴尚遠峽中測氣陽峽平坦而坦有蛛絲馬跡之形陰峽緊細而細有蜂腰鶴膝之格此為清秀之氣發見其結穴必貴若庸庸無奇則為平常之氣也峽中測穴凡高過者結穴必低低過者結穴必高正過者結穴必正側過者結穴必側一邊過而迴顧必結迴龍顧祖之穴也峽法諸家議論紛紛顧大要亦不出此

四落五結騎龍斬關三勢四煞

四落者大龍之結穴有四種之落法也初落者於近祖處即結此處氣勢雄猛大忌粗頑以秀嫩為妙主發福速而不耐久中落者大龍

之腰結。古云大地多從腰裏落回轉餘枝作城郭是也。此處氣旺勢
聚只忌四勢逼窄以寬展為妙尤發福厚大末落者盡龍之結也山
龍近陽惡氣零散要局勢強旺羅城周密方為大龍盡結方量極大
發福極久也若於脉盡氣散一絕誤認盡龍必敗絕矣分落者枝結
也枝結亦有高下以氣勢龍歉旺之
五結者直橫回飛潛也四落高山各自有龍從龍正頭結者曰直結
側身向一邊結者曰橫結翻身逆轉向祖宗結者曰回結在山巔結
者曰飛結落平田結者曰潛結穴有結騎龍者在山脊上結有結斷
關者在龍略停處結騎龍有二峯在龍脊上若來大去小去山開面
向轉坐來朝去曰順騎龍若來山去大去山開面成星結穴以來龍

爲案曰倒騎龍若龍脊側向一邊成星結穴前有堂氣朝堂立向曰横騎龍斬關亦象騎龍作法相同但騎龍係山川原自結作斬關則出於人巧也斬關者龍腰中間有團聚局而可穴則斬其氣而用其局或來龍秀美前面曲去變作粗頑其秀美盡處有堂氣龍虎可以扞作則宜掘出水竅斬其秀氣而扞斬關無有定法存乎人之目明心巧而已以上諸法結作之常也至於變怪則有閃結偷結孫結露結變變化化難以言盡備具於後云

三勢者結穴之山有坐立眠三勢也立者如人挺身而立其氣上浮則結天穴作仰高凭高騎龍等穴坐者如人曲身而坐其氣中藏則結人穴作壓煞藏煞等穴眠者如人平臥其氣下行結地穴作脫煞

懸乳藏龜等穴因附四煞穴法

四煞者扦穴乘生避煞之法也煞者尖利直硬是也穴中垂乳尖硬或龍虎頭尖硬則向高處坦中點穴壓煞氣於下曰壓煞穴也左右二砂外邊有煞氣則於中停不見煞處點穴穴不見煞曰藏煞穴也穴星硬面脉氣尖利宜於下邊裀褥平中下穴脫離煞氣曰脫煞穴也穴星一邊硬直或龍虎一邊尖硬則舍煞一邊於一邊秀嫩處立穴閃過其煞曰閃煞穴也亦是蓋粘倚撞之意　然生氣必見於蓋粘倚撞之處也

胎息孕育

主星後一頂曰胎胎下束咽曰息主星到頭曰孕成穴處曰育此四

者乃葬法之緊關於此辨陰陽察生氣之所也

育乃穴塲坦處融和光潤以穴頂星相生而成化育也

○主星八首束氣貫氣

主星者作穴之星也要成星開面陰陽相合成一結穴之局方爲有結作其結作之大局有九曰正體開面曰開口曰垂乳曰雙臂曰單提曰弓脚曰側腦曰沒骨曰平面約而言之則窩鉗乳突是也此爲大象穴形不如此則不結矣主星既成星開面乃於此星面之上察其垂下之脉曰八首龍此脉再細一細曰束氣乃微起一突曰化生腦腦下爲穴塲也說雖如此然有陰陽兩樣陰曰脉則起脊分明而易見陽曰氣則平坦隱微而難明而陰脉郤不如陽氣之美今人不

分息白槩曰脉氣其粗甚矣

○穴暈毬簷脈息窩突牛角蟬翼蝦鬚蟹眼金魚

龍既結穴必有一暈如太極圈也此暈上下左右分眞龍眞穴眞砂眞水四者何爲眞龍毬是也即化生腦腦上若微微有葢下之紋半角之形曰天輪更妙穴若無毬則上無分爲龍不眞何爲眞穴即暈心之微凹凸是也凹深而明曰窩窩中復起小突曰息凸高而顯曰突突上復生小凹曰脈脈帝曰羅紋突息曰土宿穴無羅紋土宿則陰陽不交爲無眞穴何爲眞砂兩旁夾穴之微砂曰牛角砂以其甚薄又曰蟬翼砂也若無牛角蟬翼爲無眞砂何爲眞水砂內界穴之微水曰蝦鬚水兩水分處曰蟹眼兩水合處曰金魚穴無蟹眼則無

上分無金魚則無下合爲無眞水也金魚之内曰簷即唇氣也穴果眞則四眞畢具其砂水兩者必有一邊明一邊暗謂之股明股暗曰陰陽相交若有一不具則陰陽不交而非眞穴矣

此眞太極暈也錢科眼生氣穴塲是也

穴暈四眞非有顯已明白之象乃似有如無非有非無隱已隆已最難察識者宜細心求之有近看而見者有遠看而見者有對面而見者有横看方見者仔細看踏方能了然

脈息窟突四象是廖公所取以此論穴情最爲精妙但其論陰陽與楊公相反廖以窟爲老陰實老陽也以突爲老陽實老陰也以脈爲少陰實少陽也以息爲少陽實少陰也陽氣浮陰氣沉陽氣緩陰氣急葢法之吞吐浮沉出於陰陽故不得不講明也

地理輯要九星變穴歌

樸園子集

貪狼

貪狼不變生乳頭。變作巨門窩中求。若變武曲釵頭見。變作祿存犁壁頭。

貪變廉貞梳齒梳。長枝有穴無人葬。只緣龍虎不歸隨。葬了能令財祿旺。

貪狼乳穴變化多。其乳圓小氣最和。葬法休輕傷其體。粘乳安棺始無訛。

若然開口似釵鉗。此兼武曲秀且妍。龍勢平夷宜觀上。葬雄力猛口內扦。

更有倒木直硬來開鉗長直雙　柱材鉗中微突饅頭樣埶法當從突
上裁
更有貪狼似拖鎗木直鋒尖不可傷脫龍就局作粘穴只要前山護
纏長
橫梁之木撞節包梁上燕巢產　英豪也要穴藏風不露前朝後樂貼
身高
雙幹之木看雌雄雄為主兮架　雌居雙水兩邊俱有護雌雄對面穴
相宜
曲尺木星埶曲凹龍虎開張穴　必包穴下兜襟平而穩砂同水遠出
官僚

宛藍之木扦鼠肉鼠肉不圓兒孫哭貝滿微高局有情甃後其家食
天祿
小小貪狼筍初生六府之星出狀元或剝盧鞭落平地梅花堆缶貴
妗妍
巨門星下貴人峯此是貪狼極貴龍穴結天葩若蒜腦官星出面位
三公
更有貪狼號乘龍立木一脚出正中不可就木扦正穴斜陽倒影是
仙踪
又有仙女出簾形臍開一穴峻而傾四面簾幕羅闈甃後兒孫拜
聖君

貪變破軍似天梯層層疊疊若頓旗旗尾出脉去不遠過坪復起穴
相宜平是水星能潤木木無水潤是枯枝
貪變文曲如撒網瀨坦恰似牛皮樣牛皮之穴少稜弦四砂緊夾在
君托
又有木星泛水排三比四比逐波來倒坐排心任空濶爲商巨富不
須猜
貪狼星有十二樣尖圓平直小爲上倚斜倒破側岩空最忌赤石多
玲瓏
貪狼穴法有多樣無益有粘并倚撞去正就求兼架折挨并鍬皮接
挿傍

我今但取木星言九星九變千萬狀總要生氣在胸中萬水千山只一理。

巨門變穴歌

巨門尊星中正土平面有金穴金主或然角上見稜圈富貴功名皆過府。

巨門一不變窩中求穴取窩稜就着毬無毬死土不堪穴有毬還須看兜收。

頓笏峰高腳溜金盆星出面淺窩斟一紀之中生富貴兒孫世代坐專城。

天財本是巨門體却有三般頭腦異平正凹側似不同穴法須當看

其勢

平腦天財方且平亦須穴畔看圍金稜弦明淨中間做神童狀元拜

聖君

凹腦天財穴擔凹必須樂趾貼身高攀鼓之穴人畏險前案橫包着

紫袍

土山忽獻平石盤羅城週密莫教寬安棺仍上培客土休傷盤石氣

脉殘

土星金匱似衣廚方正端嚴似有無鎖鑰中間有凹突結坳兜金富

可圖

祿存變穴歌

祿存枝脚似打圍張牙布爪東復西貴龍闊硤重重見本體結穴犁壁旋

祿存本是四凶星帶祿方能和且平三吉相間成貴格貴格天然有穴情

祿存鶴爪現三叉兩短中長穴少遮若然帶祿爲異穴武職丁財小亦佳

祿存雜氣金水土枝脚飛揚仙帶氈金水成形帶同心美穴如金只出武

更有祿存虎口樣左右單提穴居上紐會仙宮盡祿存基之能使財祿旺

更有祿存如頓鼓平頭圓脚穴金土見有金形看稜圈若無稜圈是死土

三吉行龍要祿存飛鵝帳幕个字中間得一星便化煞間星之下細認踪

我看祿存滿天下多作神壇與村社只緣不帶三吉星間有吉星連城價

文曲變穴歌

文曲掃蕩是水星此星柔順最多情要有金木土相間無間蕩體穴難成

九天飛帛落田疇藏在田心界合收兩頭高起中似帛露體便只是

魚遊

娥眉新月半嶺橫平鋪氈褥見水星四面旌旗重疊護中間曲屈似蛇行忽然頓起太陰體作穴正中掌心裡前案粧臺掛新月女作宮妃男科甲此星千里不一逢塟後其家富不歇

大山嶺下莫尋蛇恐是山腰溜脚斜若是真龍有鼠蛤若無鼠蛤是虛花

文星作穴似掌心平坦之中有稜弦稜弦不起無金腦這樣蕩體不須尋

水木蘆鞭又不同蘆花堆缶淺草中此是貪狼真貴格狀元宰相位三公

鋪氈展蓆過田疇，十里無蹤看兆收，泊在湖邊堆缶起，此穴富貴永無休。

更有樓船出大洋，一山萬水任汪茫，坐定船心中正穴，八風巨浪亦可當。

懸絲之脉泛田疇，過水蜘蛛匕上求，綫心一穴宜封土，富貴全憑羅網收。

也有穴在深田裡，打開實處復結起，高封巨壙作懸棺，壘土成墳生氣取。

更有石穴水岩中，犀牛口內產英雄，大龜鰲魚皆尋口，若能得穴福無窮。

沒坭之龜陽極陰坐空朝滿決千金四圍池水無傾瀉其家不減孟嘗君。

水星結穴甚無奇若得金木土方宜得金名為母救子得土止流有化機若是無金成蕩體任是龍蛇君莫取一木子能救母生五行不外綱常理。

也有怪穴瞰泉竅誰知塟後泉乾燥螃蟹金鰍及靈龜穴在水邊水不透。

浮鵝堆缶在池中堆上只須浮土封更有雙金扛水穴懸棺水面貴無窮。

○廉貞變穴歌

廉貞燥火焰天庭世人喚作紅旗星。只合作祖生貪巨慎扦假穴損人丁。

龍樓寶殿貴氣多。生土生金氣始和。土金峰起時顧祖廻龍作穴不差訛。

只有西風捲旗形。旗心合字穴土金。若無土金休下穴。界金無土穴難成。

犁頭火角入田間。火入水鄉氣漸寒。遇金得水堪登穴。羅城周密斷官班。

火土之下忽生金。若然開口穴堪親。也須離祖兩三里。脫盡粗氣始爲精。

聚火最喜作朝山筆陣排連天漢間遠入雲霄成清貴狀元宰相近天顏

九星最貴是廉貞陽精照處萬物生凡是土形皆藉火無火頑土沒生靈

武曲變穴歌

武曲作穴斂頭裡金水三台穴最美回龍轉面顧祖宗再看前官與後鬼

官星開面鬼重重廉貞作祖巨為宗剥到金水天然穴兒孫必定出三公

金星若然生水腳隨腳還須傍金作若逢金星穴開口口穴量金須

用头。

孤金飽面主生離，寡賊屠誅長子悲。金木換妻并殺子，金火瞎眼瘟病隨。

金土開庫矮人肥，粟陳貫朽不須疑。金水娥眉生女貴，其家必定着紫衣。

麗蠢肥金濶匕開，龍虎中間任君裁。若然再有近身案，塟後一紀發如雷。

金星露頂見微窩，恰似開口仰天螺。直向窩心扦一穴，其家富貴且和平。

太陽金星如覆鐘，錢間一穴有神功。乾遇巽時爲月窟，定產理學與

神童
太陰新月出天門清貴無倫非等閒女作宮妃男翰苑兒孫世代立
官班
金頭兩三露火腳就金相水剪火作若然無水火燥金此穴安扦要
斟酌
金頭木腳一樣同就金剪木有神功若埜木時當代絕五行生尅要
知蹤
金水作穴極其多十墳七八見金窩化生腦圓是金體開口安墳性
最和

破軍變穴歌

莫道破軍是凶星尊居千仞眾山欽作祖分枝勢極大本體火土又
兼金。
破軍生出巨門來方峰之下列三台此是公侯將相地就鉗安穴莫
疑猜。
破帶祿存似蛇行形如大木倒示下川生幹抽條剝換去帶祿異穴自
天然。
武曲破軍出高嶺昂頭恰似雞伸頸嶺上下來如象鼻臨池蘸水穴
結共。
破帶廉貞高崔巍水流關硤殺如雷老幹峻嶒爲龍祖脫盡破廉尋
落梅。

輔星破軍如幞頭兩傍有脚如拋毬莫向毬中尋正穴前尋美局看兇敗。

◎左輔變穴歌

輔星原是貫龍輔杖鼓幞頭形相似遠看恍如展誥案但是頭高頭低附。

輔星不變燕巢仰落在高山掛燈樣燈盞有托不露風面對官星穴宜擡。

高嶺輔星結大窩方如曲城圓似鍋四圍壁立難成穴中平微起最平和。

更有淺窩穴堪誇芸葉團匕水旋花四面羅城極周密窩心堆土世

榮華。

作穴常見輔弼形平洋馬跡是弼星輔弼本是帝垣佐土兼金體氣象清。

弼星本來無正形常隨八曜過脉生要識弼星正形處八曜斷處隱藏行。

抛梭走馬線如絲蜘蛛過水上灘魚鷥蛇入草行踪沒灰線琴弦有若無。

我看輔弼夾龍行本體常隨隱曜生平疇十里微堆缶接湖飛雁傍湖濵。

九星穴法幾千般請君仔仔細細看其中奧妙筆難盡生氣全憑法

眼觀。

識得生氣任君裁。總在陰陽個中挨陰來陽受陽陰結。太極圖中妙已哉。

不識生氣枉勞心。走遍千山那處尋時師專認花假穴。假穴那得有圖金。

九七八十一巒頭再看巒腳與巒腰。立眠行坐連兼并。飽饑襯貼有減饒。

龍有變化始爲奇。升騰隱伏是眞機。既然六變須死士。勘定九曜何處施。

大山雜亂九星連。聚嶙行嶙正兼偏。分枝變化無方定。脈無成竹識誰妍。

千里來龍看到頭，生氣現時局必取。無局無關空櫝閉，行龍撓掉似行舟。

龍欲住時掉向前，垂頭紫氣正無偏。砂如圍營水澄注，此處細認太極圈。

地理輯要首卷終

抱璞銘

樸園外稿

昔者楚有卞和能識璞中之珍輕以求售屢遭足刖自取其辱魏有干木文侯親至其門踰垣而避未肯臣之風高千古是故舜居畎畝與鹿豕遊若將終身焉孔子周流列國抱道而韞直待獲麟絶筆呂尚釣于渭濱伊尹耕於莘野膠鬲隱自魚鹽傅說安然版築非不欲济世匡時各有所待也且觀靈物各自知珍虎豹重雄文犀象珍齒角驪龍愛明珠鳳凰惜毛羽物有珍而尚不輕況抱璞之士乎於是作抱璞銘銘者銘其璞也良玉産于崑崗兮璞以抱之圭璋錫于重臣兮敬以持之璇璣陳于廟廊兮神以享之珊瑚

沉于深淵兮水以秘之天地造物未肯輕施故子貢曰有美玉於斯韞匵而藏諸求善賈而沽諸子曰沽之哉沽之哉我待賈者也因爲抱璞吟繼之

抱璞全真韞不沽樸園春老莫愁吾嚴陵樂釣富春畔水鏡高懸明月孤不事王侯千世路集成孤脈補青烏溯原河洛思無極一畫中分萬化殊

自珍則重自褻則輕千古名言世之衒玉求售者終當愧死可爲頂門一針文評因附爲是書之跋

地理輯要卷之一　　　樸園氏集

○晉郭景純塟

九升氏曰余追想景純先生作塟書時彼初不計後人之知與不知也使彼而恐後人不知則其文必淺近淺近而後後人能解其義然文而淺近則說理必不能探玄而入妙夫不能探入玄妙則無以橫山川之靈秘而與庸庸者等塟書亦不必作也今觀其書直探玄入妙之文也劈頭乘生氣一語人所不能解之言也雖然作之而令人不能解又似不必作矣景純干曰吾不作塟書後人必不能作塟書不將此理竟湮沒而不傳乎吾不必計後人之知與不知也吾但作之以俟千百年必有一人與吾心相印者則此理不

湮没於天壤而吾願足矣此作葬書意也

葬者乘生氣也五氣行乎地中發而生乎萬物經曰土形氣行物因以生

葬者藏也人之有生不能無死故聖人制爲棺槨藏之地中所以畢死事而盡人子之心也生氣者卽陰陽五行化生萬物之氣也五氣者五行爲氣母故曰五氣也斯氣上升則爲陽而氣行地上故春生夏長自子至巳而萬物暢茂也下降則爲陰而氣行地下故根布泉動自午至亥而萬物閉藏也氣得五行之中和水火交濟則爲生氣物得之而生長氣得五行之偏勝水火不交則爲惡氣物犯之而死亾故當避其惡乘其生也夫氣充塞宇宙古人謂

蟻穴之中亦有生氣似在左皆可乘矣然流行而不止渙散而不
聚則不可乘故必求其止聚之處而後可乘得之也猶之乘風者
必於風旺之處乘之而後可得其凉也五氣行乎地中者從天降
而入於地也發者復從地而上升也上升則萬物生經者青烏經
也土形氣行者土無氣以氣爲氣氣無形以土爲形故有土形即
知有氣行也物因以生因土中有氣故土能生萬物使土中無氣
不過塊然而已烏能生物哉此一節明埜道在乎乘氣而以生物
明地中之氣也
陽氣之升始於子而極於巳根於水而發見於火爲地上之生氣
陰氣之降始於午而極於亥根於火而盛大於水爲地内之生氣

故萬物之生長在春夏而枯骸之得蔭在秋冬陽氣盛於巳陰氣盛於亥也

生氣說○水火者生氣之根也火者天之神氣水者地之精氣土中之煖氣火也土中之潤氣水也精神交媾煖氣相蒸而生氣出焉故煖而不潤有火無水則燥烈燥烈者殺氣也乘之則發凶禍潤而不煖有水無火則卑濕卑濕者死氣也乘之則主退敗故塋必乘乎生氣也觀於地面之萬物太寒則凍死太旱則燥死地中亦然生氣畏風者以風能吹冷暖氣吹燥潤氣也穴喜砂衛者以無衛則孤單孤單則寒而不煖也穴喜水交者以不交則頑散傾散則燥而不潤也吉穴太扦高而發凶禍者犯燥也太扦低而冷

退者犯濕也故地之有無辨於生氣塟之得失辨於生氣地理之學一乘生氣而已矣

乘生氣說　水火之暖潤融爲生氣其流行者固在匕充周然塟必求其止聚之處而後可以乘得之但生氣藏蓄於內無形可見將何以知其止聚而求之與抑知誠中必形外見外可知內生氣所聚之處其上必有動氣動氣者何即凹突之穴暈是也生氣潛於下暈形現於上如魚在水中一動其水上自成一暈見暈可以知魚也故欲知生氣須精熟暈法水火者山之精神也土金者山之體質也木者其精神發見於體質也故見土石鬆散草木焦枯之山便知其精神不足焉有生氣故童山不塟

山體不作毫無變動者止有流行之氣卻無止蓄之氣惟可行龍不可求穴故成穴之山自然變動必成凹突之太極圓暈

地理之道被郭氏數語道盡蓋塟之道不過乘生氣也何也人之生也以稟生氣而生故人感觸天地之煞氣輕則病而重則死老年之人則生氣消盡故易死此生氣之所以貴也夫死骨似不必乘生氣矣然死骨乃生氣所成者故得生氣則其神安而生福佀煞氣則神不安而降禍也書中生氣固僅指穴中之生氣言然地理種種法何莫非乘生氣乎水欲其生來而墓去水法一乘生氣也方位貴旺相而賤孤虛理氣一乘生氣也年月宜生旺而忌休廢尅擇一乘生氣也地理之道侗盡其乘生氣之道也能知乘生

氣則地理之能事畢矣乘生氣三字括盡地理之全神非郭公孰能言之

人受體於父母本骸得氣遺體受蔭經曰氣感而應鬼福及人是以銅山西崩靈鐘東應木華於春粟芽於室葢生者氣之聚凝結而成骨死而獨留故葬者反氣納骨以蔭所生之法也

此一節明死骨得氣而生人受福之故文明不必用訂靈鐘漢武未央宮事天生氣者發福降祥之本也死骨得之故不能自享其福祥故生人與此骨相感者福祥即降之也親生巳之父母固相感而應抱養之兒女亦相感也故亦應也他人不得與之感者則不應而此人與此骨相感則應矣豈有異術哉亦一理之必然而

已矣

夫陰陽之氣噫而爲風升而爲雲降而爲雨行乎地中而爲生氣

此一節明地中之生氣也余前註陰陽之升降一歲之大升降也一歲之升降人所共知共見故郭氏不復言之而大升降之中於旬月朝夕之間又復有小升降則興雲降雨是也莊子云風者天地之噫氣也陰陽之氣欲升降而不能升降天地不交陰陽不和故噫而爲風也若陰陽之氣得其升降地土之氣上升而爲雲雲霧之氣下降而爲雨其升也從地而至天陰交於陽也其降也從天而入地陽交於陰也故天不雨則地不能生物雨之所至即生氣之所至也說者曰陰陽之氣行乎地中便是生氣今言雨降所

八爲生氣恐非余曰陰陽之氣行乎地中寗待雨水降入而後有氣誰人不知但此氣是元氣不是生氣元氣是火生氣是水元氣者生氣之原生氣者元氣之用如人身有元氣有血氣元氣者人身之煖氣爲一身之主宰血氣者人身之潤氣所以養活此身者也生氣者乃生養萬物之氣不指元氣言生氣所以生養此元氣者也元氣若無生氣滋養則元氣日就枯索矣故雨入地爲生氣此是形家第一妙諦不可不詳明者余請以文理道理先賢之言三者明之本文不言升者爲雲降者爲雨行乎地中者生氣不作三項文理而言升而爲雲降而爲雨行乎地中而爲生氣從陰陽之氣升降中另指出一生氣來而爲二字是一串文理也葢不降

不升則是天地不交不交那得有生氣也陰陽之氣如父母生氣是兒女生氣是陰陽相交中出來者夫生物者土也而土能生物者賴有水也同一土也而枯燥者不生物將此土潤澤之復生得雨不得雨也盖宇宙中萬物莫不以水為養凡飛潛動植絕水則死人雖火食而粥飯茶湯入口者仍水也故開穴見枯索焦燥之土無不凶見細膩滋澤之土無不吉以燥為火潤為水萬物入火無不灰滅故穴中火多無不大凶此雨之所以養萬物而為生氣也但不可積聚而汚濕耳汚濕則絕火之煖氣而為死氣矣廖金精曰山上有泉襲入之水也山下有滴洩出之水也非散洩者輪囊廻潤之則山為枯槁之頑塊耳要之一氣流通循環無窮水因

之也又曰絕頂有泉因潤之餘也是天地生物首尾貫通生意茁敷由物體自具生意故外補之生氣可以徐入也又曰葬骨一如接木山即木本也骨即別枝也枝既生於木本木本之生氣欲俟於水也無水以灌溉之則土燥而木根萎烏能暢其餘蔭哉善葬者固之以血畜之以壓導外注收天澤俾同潤以潤土也外水傾瀉則內蔭不足雖成不耐久不耐久自焦枯焦枯安能致富盛哉又曰土生水漬而灌物積漬之氣又化為雨露潤土而養物輪迴不輟自為終始又曰成地必有堂局此足相也如人準下必有口是足相也有口受水食灌蔭內腑所以華身體即山有堂局受潮漬滲蔭山土所以壯氣也又曰山川凝生氣而露形者也根栽於

地秉氣灌養常活耳故氣血貫通無處不到此極高之山頂必有池塘之積泉也又曰地之潮蔭猶人之飲食地之屏障猶人之屋宇無潮蔭則有枯凋之病無屏障則有風寒之病有此二病欲求安不得也又曰氣行於山體猶血周於人身人身之血以氣而行山體之氣以水而運二難曰水藏山內氣出水中來處來去處去龍從逐節遞來一節有一節之水與氣觀於此者可以知雨水入地為生養萬物之氣矣吳國師望龍經其辨龍以水星為主若龍無水泡文曲者則不成胎其到頭必不結穴

支壠之結穴也有結於土中者有結於嫩石中者今人一見嫩石便疑為不結不知頑硬之石一片無縫雨不能滲入若生氣流行

之嫩石豈不結哉廖金精曰山之質土與石而已非石不立非土不具屬體得吉生氣潛藏造化揪斂雖純石皆可葬也疑石不結者皆不知雨之所行即生氣也故附論於此

止壠之骨崗阜之支氣之所隨

此承上文言生氣流行凝結之處也雨之所入則爲生氣然積水之處則偏陰而爲死氣矣止壠者石山也骨石也崗阜者土山也陽地也支土脉之脊也支骨之中雨亦能入雨又不留不溼不燥爲生氣流行之所故曰氣之所隨此節先言流行之處至於凝結之塲則另有說也

經曰氣乘風則散界水則止故謂之風水風水之法得水爲上藏風

次之何以言之夫外氣所以聚內氣界水所以止來龍千尺之勢委宛頭息外無以聚內氣散於地中經曰不畜之穴腐骨之藏也夫噫氣爲能散生氣龍虎所以衛區穴疊疊中阜左空右缺前曠後折生氣散於飄風經曰騰漏之穴敗槨之藏也

此承上文言支骨之中固爲氣之所隨而流行矣然而不聚不止則又不可以塟也氣乘風則散界水則止故支骨之間受凹風之射則不聚無外水之界則不止惟無風有界生氣始止聚也夫求生氣在觀風水故謂之風水也得水爲上藏風次之上與次猶志至氣次也外氣水也　外無水界則內氣散於地中既無水蔭生氣不畜此骨之所以易腐也噫氣風也受凹風吹則生氣散於飄風

寒冷而棺易敗也

問生氣何以乘風則散曰生氣溫暖風氣寒能散其温暖生氣潤澤風氣燥能散其潤澤此所以散也蓋生氣乃天地之和氣風乃天地不和之氣故不相宜凡山巒受凹風射處其土石鬆散其草木焦枯此其可見者也

古人聚之使不散行之使有止狐首經本文是聚而不散行而有止

有風則不聚無水則不止故古人之葬者必求無風而聚之處使生氣不散於飄風求流行有止之處使內氣不散於地中而後葬之獲福也

夫土者氣之體有土斯有氣氣者水之母有氣斯有水經曰外氣橫

行內氣止生蓋言此也

此申言得水使有止之意也有土即有氣以行其中有氣即有水以界其外有外水之界而內氣始止也故引青囊以証之夫地不結穴者大抵在不得水耳未有上分下合清白而不結地者故得水爲上也若風之散生氣者惟凹射直急之風而陽濶之風却又不散生氣此藏風之所以次之故聚而不散行而有止古人固所並未而二者之中尤以有止爲重此氣止水交之所以爲穴也已上

論生氣

天氣行乎地中其行也因地之勢其聚也因勢之止葬者原其起乘其止地勢原脉山勢原骨委蛇東西或爲南北千尺爲勢百尺爲形

若勢來形止。是爲全氣。全氣之地。當葬其止。

此承上文內氣止生而言。夫氣行於土中。人不可見。然觀地即可以知氣也。氣之行也。因地勢之行而知其行也。氣之聚也。因地勢之止。而知其聚也。故葬者原勢從何處起。而行來。察勢何處止。而乘其氣。原起是龍法。乘止是穴法。人能知生氣之所止。則高而葬低而粘。偏而倚。中而撞。指之而咸宜也。地勢原脈。四句言原起之法。平夷之地。原其脈脊高峻之山。原其石骨。以察其脈絡貫串之起止也。雖然起亦不易原矣。眞龍行度最多閃側。千變萬化。莫可測度。人以爲投東矣。而能却又向西。東西南北。甚言其變化不測也。故吳公云。只泥串心直串去。不識眞龍轉烏處。言原起之難也。

千尺為勢言其遠也指一枝山之行度言猶今人言龍也百尺為形指結穴之一山言猶今人言人首穴場也遠勢既來近形止聚則為無破全氣之地矣而扦穴當塟其止則吉也

宛委自復回環重復若踞而候也若攢而有也欲進而却欲止而深來積止聚冲陽和陰土高水深鬱草茂林貴若千乘富若萬金經曰形止氣蓄化生萬物為上地也

此形容全氣之局也宛委自復龍來宛轉曲折向前而復顧後朝楊公所云胎前行復後畏也回環重復言兩邊之護從環抱不一而足也若踞而候言結穴之山端嚴不動若人踞坐而有待也若攢而有言局中之砂水莫不拱向皆為我之攢簇而有也欲進而斷

言兩邊護穴之砂欲進而又却步不敢擅堂逼穴也欲止而深言局中之水止聚而不去深沉而多蓄也來積止聚言來龍之氣則積而厚止穴之氣則聚而不散沖陽和陰言結穴之所不純陽而渙散不純陰而硬直頑罡也又其地土高水深草鬱木茂則其土之美也觀其氣象若千乘萬金尊貴而豐足也此上等之地之局故郭氏備爲形容而復引青烏以証之也

上文言千尺之勢委蛇頓息言龍亦委蛇而來頓息而止於此矣但因無水界則內氣散於地中而不結穴此之宛委自復若蹈而候與委蛇頓息無異然此吉而彼凶者蓋此以水交氣止結穴故吉而彼以水不界而不結穴雖有龍而亦無穴此楊公所謂得穴

而後尋龍也
郭氏乘生氣三字括盡地理之道而此勢止二字又括盡點穴之
法夫點穴之法多端矣有用星辰者有用體勢者有用形象者其
端百千非語言之可盡楊公括之以十二倒杖亦甚得其要領矣
然十二倒杖何非勢止於此而倒杖於此也人能知生氣之所止
則直取而扦之百發百中矣復有何穴法之多端也哉（此二節論大地）
氣之盛雖流行而其餘者猶有止雖零散而其深者猶有聚故藏於
涸燥者宜淺藏於坦夷者宜深經曰淺深得乘風水自成
上言全氣之地則龍穴砂水莫不止聚此言結大地之外其餘氣
所結之小局也結大地之後其餘氣渙散流行不復有止者此其

常也然龍氣之盛者其在山也雖流行而餘氣尚有止聚若其在地也雖坦夷而深處尚有藏蓄者涸燥言山也山體峻峭故雨後即涸燥也坦夷平地也餘氣所結其氣寡薄在山則無深蓄故宜淺以乘之在地則非深處又不能存留餘氣故宜深以取之也此以上皆言乘地中生氣之法原地中生氣之理此以下則言相山地之形因形以求氣之法也此一節論小地

天崇尚疊阜羣壠衆支當擇其特大則特小小則特大參形雜勢主客同情所不葬也夫支欲伏於地中壠欲峙於地上支壠之止平夷如掌故支葬其巔壠葬其麓卜支如首卜壠如足形勢不經氣脫如逐

此言覓地之法也夫群山衆地之中爲主爲從甚難辨矣然主必異於從故衆大之中其特小者主也衆小之中其特大者主也故當擇其特也倘參形雜勢而主從不分主客同情而賓主不辨則爲不結之所不可塟者矣下文言相支壠之法伏藏也峙聳也支欲伏於地中者平陽之所欲衆砂外衛而主山獨伏藏於中也壠欲峙於地上者山壠之中欲衆山里拱而主山獨尊嚴於上也然支壠雖異而占穴之法則同其止聚之處皆必平夷如掌此古人所謂來不來坦中裁住不住平中取如掌之義也止聚之處必平夷而後止聚支之平夷在巔故支塟其巔壠之平夷在麓故壠塟其麓卜支如人首取巔卜壠如人足取麓葢支而塟麓則脫氣壠

而起巔則化爲支巔攏趯經常不易使反此則形勢不經生氣不能乘而脫去矣此一節總論支壠

地貴平夷土貴有支支之所起氣隨而始支之所終氣隨而鍾觀支之法隱隱隆隆微妙玄通吉在其中經曰地有吉氣土隨而起支有止氣水隨而比勢順形動回復終始法葬其中永吉無凶

上支合論支壠此專言相支之法也支龍欲得平坦夷曠爲支之正體故曰地貴平夷而其上又宜有脈脊流行故曰土貴有支也支之起處氣之始處也支之終處氣之鍾處也觀支四句言平地察脈之難也隱隱有而如無也隆隆無而又有也其形其理微妙而玄通知者見之而以爲有愚者見之而以爲無而抑知吉在其中

也此相支之所以难也青囊云地有吉氣則土隨之而高起蓋生聚之氣則能高起若衰敗之氣則漸漸渙散而低垂矣此者水交而合也支有止聚之氣則兩邊之水夾而交比於前也勢順之句言觀支之總要也順者欲群支包抱不宜反逆也動者結穴之處要有泡突生動忌一坦無收拾也或直硬藏煞也回復者龍虎廻環重復不止一二層也終始者來脈清白而有始穴場止聚而有終也支龍合此形局則永吉無凶為上地矣

地有吉氣土隨而起青囊經原不單指平地龍言大抵支壠結穴之處生氣止聚土必高起楊公所謂穴心湧突是也惟其高起故有上分惟其高起故有下合支壠同法微察吉氣不論支壠皆以

起處爲生氣也郭氏專引之以言支龍者又曰有見盖壠龍高起易支龍高起難故支龍必以高起爲主江北千里平陽畧有起處便爲二宅古人之重平地突盖深有見於此矣

形動二字道盡相平陽之法平陽之地大多一片平坦不能生動故不結地若行度曲折略有泡突起伏未有不結地者故能深悟形動二字之妙則支龍之能事畢矣此一節論平支

山者勢險而有也法葬其所會乘其所來審其所廢擇其所相避其所害禍福不旋日是以君子奪神功改天命經曰葬山之法若呼谷中言應速也

此言壠法也山勢險峻自上趨落若無止聚之處抑知氣所鍾之

處皆有平夷如掌之所故曰勢險而有也葬其所會者取衆山翕
聚之處也乘其所來者緊接入首之脈也容其所廢者前去餘氣
或為龍虎或作官砂穴若會總之處不到盡頭無生氣之所也擇
其所相者外擇龍虎朝對之有情內擇蟬翼牛角之邊生邊死也
避其所害者不令界水凹風犯穴也葬之得失其發凶發吉不旋
日之速是以君子得此道也能奪神功而改天命故引經以証之

山之不可葬者五氣以生和而童山不可葬也氣因形來而斷山不
可葬也氣因土行而石山不可葬也氣以勢止而過山不可葬也氣
以龍會而獨山不可葬也經曰童斷石過獨生新凶而消已福

此言山之不吉者氣以生和而童山砂礫枯槁不生草木無發生

冲和之氣也有等童山文理濕潤但草木不可立根又不可以童

而棄之氣因形來而山脈既已鑿斷氣脈不能貫也氣因土行而

頑石無理氣不能行也然石山乃頑石無縫不受鋤鑿者方是若

體質脆嫩文理細潤顏色鮮明水能滲入者又生氣凝結之剛者

非石山也氣以勢止而橫山滔滔竟去氣不止聚也若橫結腰落

又非過也氣以龍會以眾砂包裹而生氣止聚單山獨壠無包無

護也若強龍脫離護從獨自向前名曰孤結又非獨山反主出其

雄豪傑者也

上地之山若伏若連其原自天若水之波若馬之馳其來若奔其止

若尸若懷萬寶而燕息若具萬膳而潔齋若橐之鼓若器之貯若龍

若鸞或騰或盤禽伏獸蹲若萬乘之尊也

此言山之美者若伏若連者斷而不斷也其原自天者高山落脈其來長遠也若水之波者橫帳廣濶而重疊也若馬之馳者來勢強盛也其來若奔者來龍不懈怠也其止若尸者結穴之山端嚴不飄蕩也若懷萬寶者砂水羅列無美不備也若具萬膳者朝山奇秀疊陳也若橐之鼓皮囊氣鼓言其豐滿不瘦削也若器之貯言生氣止聚若藏物於器中不渙散也若龍若鸞或騰或盤者言來勢若龍之飛騰天矯若鸞之盤旋飛舞也禽伏獸蹲者言止聚之所或伏或蹲寂然而不輕動也其形端嚴恍若萬乘之尊也

天光發新朝海拱辰四勢端明五害不侵十一不具是爲其次

此言相山之法也天光發新言斬草伐木而相之欲衆山之朝拱如水之朝海星之拱辰而前後左右之山皆端正不偏斜明白不偷探又無童斷之五害斯爲美地若十中有一不足便不得謂之十全地矣

占山之法以勢爲難形而次之方又次之勢如萬馬自天而下其葬王者勢如巨浪重嶺疊嶂千乘之葬勢如降龍水遶雲從爵祿三公勢如重屋茂草喬木開府建國勢如驚蛇曲屈徐斜滅國亡家勢如戈矛兵死形囚勢如流水生人皆鬼

勢者龍法也形者穴星也方位者天星理氣也勢難者大龍大幹倫盡貫體世所難求而龍之行度長遠尊貴者始能發大福大貴

蔭世久遠故以勢爲難得也古人云富貴在龍身若穴星之美者小地多有之但無好龍故爲小地耳形次之者有好龍便要有好穴若穴星不美亦必有不足處古人所謂行得好不如立得好也方位之用所以曲成形勢之吉故又次之勢如萬馬者萬山簇擁而來也如巨浪者帳幙一重又一重也如降龍者龍勢夭矯從周密也如重屋者護衛多而門戶深遠也如驚蛇者孤山疾走也如戈矛者硬瘦尖直也如流水者自上趨落伏而不能起也勢之美惡不同故應之吉凶亦異也然此亦言龍法之大畧觸類而通可也

形如植冠木永昌且歡形如覆釜金其巔可富形如負扆火罡有壠中

峙法葬其止王侯崛起形如燕巢輔星法葬其四非土分茅形如側壘
武曲後剛遠來前應曲回九棘三槐形如仰刀凶禍伏逃形如卧劍誅
夷僭逼形如橫几子滅孫死形如覆舟女病男囚形如灰袋災舍焚
倉形如投算百事昏亂形如亂衣妬女淫妻夫牛卧馬馳鸞舞鳳飛
騰蛇委蛇黿鼉魚鱉以水別之半富屬貴騰蛇凶危形類百動葬亦
非宜回應朝案法同忌之
如植冠者古人之冠兩邊曲抱中心突起即窩中突也形如覆釜
突穴也如負扆者後列屏帳屏下聳起貫八結穴也如燕巢者橫
土橫木腰間出脈上平下峻若梁上燕巢也如側罍者窩穴也如
刀劍者直硬倒尖也橫几死土也覆舟飽金也灰袋者頂飽而又

虛浮也投算衆山亂雜也亂衣即掀裙舞袖也下段牛馬等類皆形類動物者也形類四句總言結穴之山宜止靜尊重不宜浮動飄走或象物器或類禽獸者皆忌動故曰形類百動葬皆非宜然不特主山忌動凡局中之山皆要朝拱止靜大忌走竄故曰法同忌之云。

前段言支則求其形動此篇言山則大忌百動郭氏言至此真發盡神髓之論也支體平坦多靜故妙在乎動山體峻流行故妙在於靜從山靜支動之必悟入則求穴亦不必廿年之功矣。

經曰地有四勢氣從八方寅申巳亥四勢也坎離震兌乾坤艮巽八方也是故四勢之山生八方之龍四勢行龍八龍施生一得其宅吉

慶榮貢

四勢者五行之長生方也故山川大抵四勢起祖八方分枝

夫坐乾者勢欲起伏而長形欲潤厚而方坐坤者勢欲連展而不傾形欲廣厚而長平坐艮者勢欲委蛇而順形欲高峙而峻坐巽者勢欲峻而秀形欲銳而雄坐震者勢欲緩而起形欲聳而峩坐離者勢欲馳而穹形欲起而崇坐兌者勢欲大來而坎垂形欲方廣而平夷

坐坎者勢欲曲折而長形欲秀直而昂

此言方位有相宜之形勢然亦不必泥鄭註已闢爲偽說矣此法先天卦氣之坐郭公秘旨後無知者故不能釋其義

夫勢與形順者吉勢與形逆者凶勢凶形吉百福希一勢吉形凶禍

不旋日

上文分形勢而論其吉凶此言合形勢而又有吉凶之辨也勢者龍也形者穴也勢與形順者龍之橈棹節節抱向前也逆者橈掉反逆不抱穴也龍凶穴吉猶發微福穴凶龍吉只發凶禍蓋穴近而愈龍遠而遲也

上文以勢爲難則重在龍矣此章形勢凶吉却重在穴其故何也蓋地大小貴賤其辨在龍而不在穴故論地以勢爲重然龍少而砂多一方之山川爲龍者十一爲砂者十九其所結之穴天抵皆是砂結畧便有小福故以穴爲重也若形不吉則是不結之所矣豈能福乎於中勢吉形凶一說則有二義夫有好龍必有好穴豈

有勢吉形凶之理大抵貪戾之夫貪求好龍不知穴法亂扦不結之所此一義也亦有一種龍行度大長脫泄太過到頭氣散無力不能融結謂之空亾龍悞扦之則凶此亦一義也觀此則知葬地之道其要在穴形穴若真雖小亦發小福若妄貪大龍不知穴形之真假亂亂下手莫不招凶矣

經曰勢止形昂前澗後岡龍首之藏鼻顙吉昌角目滅亾耳致侯王脣死兵傷宛而中蓄謂之龍腹其臍深曲必後世福傷其胸脇朝穴暮哭

此承上文而言形勢俱吉矣若扦穴之得失則又有凶吉之分也

勢止二句言其勢之美顙者緩龍正受之法故言角目犯豈失生

氣故凶耳者龍急側受之法故吉唇脫脉犯死氣故凶膞者不急不緩之龍其穴不高不低不側撞脉受氣之法故吉胸脇生氣不蓄之所故凶夫扦角目者彼亦知緩而宜高點矣但認氣不真而悞犯角目扦唇者亦知氣急而當避矣但不明斜受顯耳而悞下於脫氣之所而傷唇點胸脇者亦知求膞矣但太過不及而傷其胸脇形勢俱吉之所而點穴一失其法即爲凶藏則甚矣穴法之宜精而穴法之不易言也此一節論穴法

夫人之塋葢亦難矣支壠之辨眩目亂心禍福之差侯虜其間土圭測其方位玉尺度其遠邇乘金相水穴土印木外藏八風內秘五行龍虎抱衛主客相迎微妙在智觸類而長玄通陰陽功奪造化

此言點穴之難而因言得穴之妙也蓋支壟之中而辨其主從賓主於中有似是而非似非是是辨在毫忽故曰眩目亂心也而穴之得失其相去也有封侯焚虜之遠則甚矣穴之難也故點穴之法既察其形勢矣又當以土圭測其方位辨天星而分陰陽以審其真落僞落而宜乘不宜乘以玉尺度其遠邇收天倉而補地闕以察其空以窺用而當前當後點穴既定而果得其真者必上有化生腦之微頂乘金也下有兩水之交合相水也居其中穴土也土位中央也兩邊有微砂曲包印木也不言火者其中之煖氣為火也外則凹射不侵藏八風也內則生氣沖和秘五行也龍虎抱衛左右不反背也主客相迎案對皆有情也此吉穴之形也然

點穴之法豈有定式哉其能入微入妙在人之智兼以且學且做彼此相悟觸類而長若是之久自能玄妙而通陰陽之理能以人功而奪造化之權矣

夫土欲細而堅潤而不澤裁肪切玉備具五色夫乾如聚粟濕如刲肉水泉砂礫皆為凶宅

此言穴雖定矣而穴中之土之美惡又宜辨也細者其理也堅者其質也其色溫潤而無水澤之濕也肪者脂也如脂之膩潤而不澤也如玉者細而堅也五色者非必五色俱足土有雜色五色冲和之故也至若鬆而濕水泉砂礫其為凶也不必言矣

蓋穴有三吉葬有六凶天光下臨地德上載藏神合朔神迎鬼避一

吉也。陰陽冲和。五土四備。二吉也。目力之巧。功力之具。趨全避缺。增高益下。三吉也。陰陽差錯。爲一凶。歲時乖戾。爲二凶。力小圖大。爲三凶。憑福恃勢。爲四凶。僭上逼下。爲五凶。變應怪見。爲六凶。經曰。地吉葬凶。與棄尸同。

此言土色之凶吉。因言葬穴吉凶之事也。天光下臨者。得天星之美。譬如天皇天市之類是也。地德上載者。得形局之美麗。能上載天星之美也。藏神者。得五氣生旺之年月也。生氣爲神。死氣爲鬼。合朔者。得日月同來。蓋照也。神迎者。吉神到山也。鬼避者。凶煞不臨也。陰陽冲和者。作穴之山。不陽多而散。不陰多而罡也。五土四備者。無黑色之土也。蓋黑者死色也。目力四句。言人裁成得法也。

葢天地無全功必待人力之輔相人事足而後三才立也山向不通利曰差錯年月犯死絶曰非尅力小圖大者財德俱輕而妄想王侯之地憑福恃勢者以勢力謀佔他人之地也僭上者僭用尊貴之制庶逼下者儉不中禮不依作法草草了局也變應怪見者既得美地而天時人事阻礙不得葬此變應也山崩水洪破損不可葬此怪見也凡者吉凶之分也此已上論葬法

夫葬以左為龍右為白虎前為朱雀後為玄武玄武垂頭朱雀翔舞青龍蜿蜒白虎馴頫形勢反此法當破死故虎蹲謂之銜尸龍踞謂之嫉主玄武不垂頭者拒尸朱雀不翔舞者騰去

此於龍穴之後論砂水也垂頭者自山頂漸漸低落至結穴之處

平夷如掌也若鬥鴻鷺立則不垂頭矣翔舞者案山之左右兩角搠抱向前若鳥飛之兩翼也若反背攛走則不翔舞矣蜿蜒委曲搠穴也若昂頭起頂則爲主矣馴頫低伏衛穴也若破面高聳則御尸矣此四勢吉凶之大畧也

夫以支爲龍虎者來跡乎岡阜要知肘臂謂之環抱

平陽之地無山爲衛即以平支爲龍虎然平支來止之跡同乎岡阜亦要如肘臂之環抱爲吉不異穴山也

以水爲朱雀者衰旺係乎形應忌乎激急謂之悲泣

無山爲朝而以水爲朱雀者則以明堂之蓄聚爲主故或衰或旺之向但從形局美好之處而立之其側詳後然以水爲朝又大忌

湍急有聲也

朱雀源於生氣派於未盛朝於大旺澤於將衰流於囚謝以返不絕

此因上文衰旺係於形應之言甚明故重明之此朱雀卽穴前水也水在穴前故亦曰朱雀源於生氣者水從長生發源也派於未盛合諸派之水於冠帶臨官之位也朝於大旺朝於穴前帝旺也故宜立旺向也澤於將衰澤者水蓄之處病爲眞其衰位猶未全衰故曰將衰水既澤於此則向亦宜朝於此也一穴之前旺衰二位俱可立向故從其形局之美麗者立之也如左水倒右面南之局午爲丙火之旺向未爲丙火之衰向當立何向則觀明堂水城在午則立旺向在未則立衰向故曰衰旺係乎形之應於其位也

囚謝者死病墓絶之位流去也以返不絶者言水旣從囚謝而去
然絶位為五行受氣之鄉故繼之以胎養長生則絶為囚謝之終
又為生氣之始是水雖流於囚謝墓絶之鄉而實返於生氣不絶
之所也故水法又有絶來沐去立生向之局也生來墓去則從絶
位而入胎養長生以返不絶也絶來沐去則從沐浴而入冠帶帝
旺亦返不絶之局也此水法之玄妙也郭氏明明說個朱雀源於
生氣則水法明明從向上五行起長生後世不知何故而從坐山
來龍起長生則非朱雀源於生氣乃玄武源於生氣矣豈知穴前
皆向所主則水烏得不從向上起長生乎不從向上起長生者其
未讀葬書耶抑讀而不能解也

後世術者以水法爲最難明之事即曾楊地仙亦費了多少語言文字只是說不盡而郭氏直指一生氣爲源立定旺衰二句又說一句以返不絶之妙義只此數言水法已無剩義矣。

法每一折瀦而後泄揚揚悠悠顧我欲留其來無源其去無流經曰山來水回貴壽豐財山囚水流虜滅王侯。

此段有形有理[illegible]明義盡形局以若此而妙而理氣亦以如此而妙也法每一折二句言水之合法者每一折之間必蓄聚而後泄有止蓄而不滿急疾走也揚揚悠悠遲緩不進之貌其不進者顧我而欲留不欲去也其來無源者水源長遠不見其源若無源也其去無流者水口緊閉不見其去若無流也此形局之所貴也小

玄空五行每於水路一折之中取其生尅我者曰生入尅入以此爲吉玉尺云顧我復我爲官爲父生入尅入情既去而復留盍欲其揚揚悠悠顧我欲留也水之來也但論其生尅入不問長生之源其來無源也水之去也亦止論其生尅入不問墓絕之口其去無流也此理氣之所取也蓋形局以此等之形局爲美故理氣亦以此等之理氣爲吉形局理氣無二道也經曰二句青烏經文

余讀葬書最愛其所論之事一句便括盡無餘如乘生氣三字括盡葬法勢止二字括盡穴法形動而吉括盡支法百動非宜括盡山法衰旺形應括盡向法水法後人百千其說究不能出其一二字之玄而且多剩義此郭氏之所以不可及也此書理玄而詞古

言簡而意深能寢食其中。自可通天地鬼神之妙而造化在乎矣。

舊傳葬書二十篇西山蔡氏惡其訛錯之甚定爲八篇草廬吳氏又病蔡氏之未精又定爲內外雜篇。余從而讀之覺二氏之所定者其詞義多有未妥於是細加考校復爲訂定但詳其意義之次序不復分爲篇章。先言生氣中論支壟末詳葬法砂水。雖不得郭氏之舊[illegible]云今日意亦庶乎得其緒已但恨不得其原書而讀之也

書中所引經文出青烏海角青囊孤首四經

葬書是青囊青烏之註疏葬者二宗是指二經之葬法言。乘生氣三宗是明葬法之所以然也其後又自疏明乘生氣三字

葬書不易讀須先讀楊曾廖諸書然後可以通其義理讀爾雅
三国諸文然後可以通其文之不如此烏能從此篇中得明妙道
三国骨幹有肯綮諸
葛武侯爲之傳註
讀葬書須將本文極派百過熟了語矣便不必讀其之註若有危
疑方一

地理捷法

緜谷鄭錦川撰

自古地理不尋常龍身起伏開屏帳中間抽出一脉去貼身護送列
兩傍正結至尊如御座好似將軍輔君王更有逆龍來貪水力大何
須下沙帮借取羅城岸峦聳相蛾蛾聚雁落場爲有山脚衆家喜辦
然有地亦平常只要力量來得好若還巧結福亦長一坦平窩氣不

收只是人家掩臭藏到穴星長孩兒頂貼身蟬翼界穴傍窩内胎水微茫合恰似婦腹懷兒即平崗點穴金盤暈本去三表个中藏若是陽[illegible]陰受穴形如覆杓半月樣得遇鉗穴開兩股龍虎豈應直與長但看藏牙并縮爪餘氣不過二三尺或有潮水來潮穴或有横水過明塘時師只道應去水看他攔截在何方摠要龍真并穴的四字之未有何妨此篇[illegible]詳

地理輯要卷之二

僕園氏集

蔡牧堂穴法賦

原夫皇天開有極之爻而后土秘至珍之寶不有指示憑何取討是貴氣也首辨虛實切詳重輕眞心僞氣之各半止落横紋之漏精煞尾擺開看後倚前親之勢虹腰雙下認横抒直就之情筆尖要動浮挨活寄以防損壁鏟可粘倚定傍求而莫泄虛浮尤貴潤澤沉滯要尋剛烈是故無頭無面横看其踪休言是木是金動中取穴鰕門玉枕至高之穴至貴合襟金墜最下之情最亞魚脬横截妙存金乳之動瀉茅葉側墜活似水珠之鈎懸金簷打透肉盛弦鞠中取脆軟腌上尋高骨起柔裏鑽堅英靈聚會縱横不離於正氣血脉貫通動静

當觀其大體順受逆受何拘對定夫心傍求正求尤在消詳龍虎橫擔直落無龍郝藍有龍直下直扦有氣須安無氣橫山湊春處曰鬪斧直山扦柔處曰八箭硬不鬪軟不饒體玄微三竅之至妙陰宜減陽宜撞鑿迎接五星之眞要拋鞭須認節避刺要離根反手拈高骨冲天打顖門側裁如把傘平視合提盆擺出情難後攢飛勢合翻穴足神仙穴龍分厚薄身脈來分左右勢落定君臣區大臨弦出雄雌帶側葬打尖休動骨黙鼻莫傷唇急緩隨形使高低着意覩五直宜橫下三停妙影尋腕籃扦鼠肉側耳聽龍吟牛鼻防牽水魚腮要合襟玄微天意惜鮮世絕知音

此牧堂先生將穴情和盤托出讀者必領神會穴法思過半矣

張子微斗口經怪穴辨惑歌　　廖金精釋

穴有奇怪人不識。造化原可測。體格何曾亂九星。乍見得人驚騎龍須要騎龍脊。龍住應無敵斬關。已見前人下。暫發久嫌假。

騎龍有三十六穴面前水分八字。有百步合者。有千步合者。有數里合者。有數十里合者。此是山上龍。神不問水。只要後龍有盖帳到頭有結咽。起頂有窩䆗。前去作案有情。兩腳抱轉饒穴。後龍帳角包護。周密無缺陷。空曠不受風吹。順騎倒騎。均此一法。至橫騎有帳有案。收一邊水者。有間星便是腰落。無間星方是橫騎。　經曰。也有穴前多餘氣。山去數十里。也有穴前嘴直長。斲作臂廻環。如去山前有大結。便為斬關。如橫山作梁上燕窩。龍行兩腳抱穴

是爲截住亦側騎龍至分受龍身另立門戶名爲分結至三十六
騎龍十二倒騎共四十四穴具圖於末卷學者細審之
藏龜閃跡在田中水遶是眞龍
大龍腰裏落平田扛絲之脈斷復連捲簾鋪氈犁火角梅花歐序
多磊落忽然隱在深田裏四面水城護眞氣藏龜閃跡沒泥中此
是陽極得陰逢遠山近水曲纏纏時師到此何曾曉大可陽居小
可陰坐空朝滿訣千金若還側向併順住縱有眞龍發福輕此是
藏龜力最厚陽勝扶陰穴當求居則鑿平低宜補水不涸兮福[illegible]
止
潑石莫安在石罅土穴端無價

經曰忽然有穴石鑄中有土氣脈通忽然結在頑石裏鑿逢土脈
取夷有土窩獻盤石安棺不用鑿壘土成坟福更佳百世樂榮華
捉月雖云在水中還要土來封

經曰忽然結在水中央四畔水汪洋或然露石似龜形砌石可安
坟來龍渡水不見踪得水不嫌風外山遠帳爲城郭師保國可托
逆水仰面去張潮不怕八風搖

經曰也會見穴坐後空逆水不言風也有醜穴護短少風從門外
掃也有孫露八風吹發穴自聚隈祖山客山呈獻瑞旗鼓捍門內
居然大艘立波心忠正萬人欽
走珠墩阜山平地三個五個是

經曰穿珠串珠與走珠大小體必殊衆大取小小中是衆小大爲貴金水稜弦是梅花氣向花心下馬跡土金爲辨錢錢眼不須言仰高山頂見星辰平面穴堪針

經曰急山忽然頭坦平穴向此中停四顧山高似帳遮天巧穴無差有如壁土掛燈盞窩如燕窠銜此在一傍不在中也要不受風天湖窠坦若金盤稜弦淺而圓窩深有突名天祿兒孫百世福變態無窮聊舉例作用皆如是乘得生氣任君裁奇怪不須猜

太極圖中生氣融時師少認踪天輪恰似初生月半明半仍缺聖門一貫是心傳窮到太極原識得死氣頑硬凶動處有玄踪一動一靜五爲根坦處細認圈不能會此玄微理龍經讀無止多覆著

拔觸類通悟到樂無窮

怪穴破惑歌

眞龍藏倖穴奇怪俗眼何曾發天珍地秘鬼神司指點待明師

經曰天機好處從來秘無便看容易地出天成穴易捉不須師管

郭地逢怪異穴難扦等待遇神仙間有福善此中逢天塟得眞蹤

明師勘破玄微訣秘密不敢說恐君緣福或輕微指出反驚疑

天造地設秘醜形杜后沒齒生漢武未舉興王事鉤弋手如拳怪

形凉是秘天機識得未輕施

地有奇巧有醜拙總名爲怪穴巧是穴形美且奇地位使人疑拙是

穴形媸且醜狐疑難下手高人造化羅胸中巧拙盡玄通

大凡怪穴有蹺蹊龍要十分奇認得龍神的的眞怪穴始堪鉗
巧穴巧穴何巧穴仔細與君說或然高在萬山巔天巧穴堪扦
萬仞山頭龍有奇平壙有田池或然寬有數十里龍樓寶殿重匕
起端然秀穴結中央四顧若平洋天巧上格爲禁地俗眼見必懼
中格王侯位三公福澤世無窮
或然有穴瞰泉竅葬後泉乾燥或然有穴逼水邊葬後水城遷或然
有穴傍湖濱秋冬始見眞或然有穴落平疇春夏水交流或然穴在
土皮土名曰陪土葬也曾見穴面前欹頓祖不嫌低也有巧穴名合
氣來脈雙龍至此皆巧穴令人疑造化隱眞機
更有醜拙人難識福應無差忒醜拙醜拙何醜拙眞有玄微訣君子

盛德貌似愚良賈藏若虛又如女子德淑賢貌醜不須嫌爲君泄破
天機秘醜拙莫輕棄也會見穴嘴直長左右沒攔當
經曰貪變廉貞梳齒樣長枝有穴無入葬只言龍虎不歸隨葬後
能生卿與相逆龍力大勢若奔大將獨自逞豪雄本塞隨營居后
隊横槍走馬直衝鋒
也會見穴腦偏側時師安能識
談水談山世俗多用拙不能將奈何誤葬只因求正面不扞渾是
去偏頗豈識真玄奇妙處龍雄閃煞側偏和
也有穴下生尖嘴楓葉三丫體
此是金頭火脚星要看金下淺窩明葬窩得水不投火無窩立見

家仔伶㓨火挨金須用水無水火嘴便爍金
也有穴前嘴直長鑿作臂廻環
金頭木脚尅制過直長死硬少中和尅金鑿斷安棺塋更作小池
抝抱窩
也有穴後微窪槽玉筋夾饅頭
龍雄勢急穴難扦不替鉗心塋一邊此是陰陽沖和處老陰枯燥
少陽全
也有穴前是深溝金梘與銀槽
武曲不變釵頭覔鉗前金梘何妨出只須梘內水不傾水若傾流
子孫沒

也有醜穴如鵝爪突露無人曉

祿存帶祿爲異穴異穴生來鵝爪形鵝爪之形兩邊短一鉅 天然

撐正身

也有醜穴似牛皮懶坦使人疑

陰龍盡處作陽氈牛皮懶坦少稜弦中間微有小墩阜力量大處

任君扦或有微匕凹凸起請君細看太極圖

也有醜穴少一臂單提虎口是　也有醜穴體粗頑細認太極圈

也有怪穴是撐凹樂起貼身高　也有怪穴似仰尾氣聚前頭下四

腦天財穴撐凹巨門不變高中求　也有怪穴如間斧須要鬼樂補

也有怪穴無龍虎何人將眼睹只因橫來直安坟粱上金斗穴金

土也有怪穴無案山諸水聚其間　也有怪穴如反掌窩靨形微
坦也有怪穴要餘皮苞節認玄微　有如壁上撲飛蛾細看突無
多　有如壁上掛燈盞但見窩微仰此是輔弼作穴戒掛燈燕窠形
急山忽然頭坦平穴向此中停　緩龍到處突忽起穴向此中取
精神顯露反并祥隱拙乃為良真龍藏倖輔神機怪穴使人疑奇怪
奇怪何曾怪于形并萬態能乘生氣任君扦怪穴的無偏
大抵奇形并怪穴只把龍神別認得真龍穴便真此訣值千金
假龍無穴不堪安莫作怪穴看若然糌口強安扠訣盡世間人用怪
不能當守拙緘口休談說要知怪穴有真玄須向老人傳

國寶經三百六十穴法歌　張子微著

窩穴　高窠高窠不厭高。燕窠凹裏産英豪。嘯天龍兮安鼻耳。金窗
背兮弃巨鰲。天盆天湖蓮花心。仙掌峰露雲可使。
低穴　低窩低窩近平地。伏龍伏虎穴居鼻。螺螄螃蟹臍中括。下後
兒孫真富貴。
長窠　長窠長窠不厭長。何妨龍虎直茫茫。蓋天旗心脉不走。孫幡
跨下氣臍藏。仰船稍兮金釵股。羅帶同心結爲主。雄龍衝兮氣戶
安功名富貴無居左。
短窠　短窠短窠短不妨。獅子鼻根名印堂。馬鼻壽星龍鼻耳。卧牛
目裏産侯王。
反窠　反窠反窠背背結。金鈎曲處來安穴。象形鼻曲龍虎回。顧印

眞龜蓄肩下。巨蟹有鉗匕可安。下後天然富且官。蟠龍曲兮龍尾結。宛轉回環曲處安。蟠龍頷下眠犬頸。曲鳳回環來顧鸞匕

側窠　側窠形勢不安平。偏頗高低穴似傾。壓船側掌行蛇曲。或如牛耳披須積。有時作穴如牛耳。扦角有峰牛角起。雖然欹側難成穴。白屋能生卿相子。

雙窠　雙窠自是有奇山。莫向龍虎穴頭安。天雄蜈公兩鼻孔。龍鼻虎鼻細詳看。翔龍鼻兮螃蠏眼。兩畔硬臂不堪扦。

單窠　魚腦弩圓并彈眼。馬面壽中有微坦。象形有鼻一邊彎。若作雙窠順一反。兩邊奧孔一邊雄。只扦雄鼻是氣中。

大突　大突之穴大肚形。懸囊垂腹鳳凰膺。龍額鰲頭騎虎額。直須

龍虎抱分明突穴若無 龍虎抱臍偏不蓄必風蕩或成宛轉左右

拋逆水當潮為至寶。

小突。 小突之穴氣不微。藏頭王字舌頭見。銜眠龍卧求其乳。金雞

抱卵出窩竈。兩抱護身 須揖拱。後龍不許見倚斜。若是橫倚尖最

重時。師得處討眞機。大凡小突氣無全。不必留心向此源。拋踪閃

跡更前去。大成小受有 天然。將軍旂峯并鼓角。小突山前最磊落

馬跡梅花并印綬。前行 必有大結作。若將假突去安坟壟。後兒孫

多消爍。

蟠龍 蟠龍曲曲穴偏斜。迴龍顧尾轉龍窩。蟠龍交龍穴在腹。蟠蛇

卧虎亦如之。同鳳膺頭 行蛇曲躍魚尾上。犀牛腹形如捲象鼻灣

灣宛轉之中多作福

坡垂・坡垂之穴大龍來飛龍吐氣漸低喂龍吐雲兮雲上穴虎嘯風兮氣如雷逆勢如雷穴上聚順龍如水穴粘泥駝駝囊兮囊上穴天虹貫水虹頭施有時山似欽旗狀扦向旗脚少人知

珠毬・珠毬之穴忽孫留須教虎伏與龍蟠獅子拱毬兩足抱弄珠龍鼻臍迴環負扆心裡隴中峙兩邊灣環勢可恃螃蟹雙螯兩距生口中一穴自天然臥龍穴向頷下求尾蟠足轉顧其頭鳳凰頭兮羽翼就仍須有案水灣拱龍虎全兮無正案水不之玄直氣散山無正氣産頑愚四獸不聚穴珠辧

騎跨・騎跨之穴最難別點穴還須腹内截謳扦頸上自天然鳳頭

龍頂細詳訣駱駝鞍上穴須高龍麟山嶺龍虎歌併蛇出洞一蛇
曲曲處穴居七寸結金鞭長裡爪聯帶總要前案抱羅列君無龍
虎水無纏前案無峰天獄穴奇形勢亂影無蹤除是真龍形顯脫
棺安橫脊龍虎腰向穴之水須特達有時形穴無不過又恐當頭
八字流應案城門無吉勢假令富貴亦難悠或有案高峰不起正
穴不曾安穴裡高高天外望前峰破敗忌家背為此近為案山遠
為朝有案無朝龍上注有朝無案是魚遊

平地

平地之穴易中難來龍有氣穴須安漕潲破射皆凶器勿恃
平地勝高山浮海簰心為正穴繫定之簰尾上扦着岸簰兮穴在
前應案水城法合有錦纏中正豹皮心如意飛仙坐處尋新月流

星水影醮南北斗口値千金黄龍吐氣求和氣乚未和時失經序

牛皮形穴穴難扦十二穴中生富貴

山巔　山巔之穴不尋常形如覆釜底心藏金雞卵上微乚竅出水

金龜背上長嘯天龍額突中窩金蓮心裡無空缺四畔波濤傍戶

鰲靈龜背上生豪傑

依山　依山之穴在山根飛天蜈公鉗内扦臥牛腹穴眠弓地新月

初生角上弦鬪牛合氣兩山麓依靠一山爲主福伏龍伏虎伏獅

龜魚腹靈蛇氣潛足或作天虹貫水形兩頭穴上要分明或成眠

象鼻生石依在山根氣自生

傍水　傍水之穴山形似臥牛膀光江豚腹飲水龍兮戲水蛟穴在

穴中前水曲弄水靈龜穴在肩井泉湧出水城彎懷猴飲水或奇泉水邊螃蟹子宮前寶硯之形眞是石涵湧累池須要識石中得土是天然金馬玉堂清貴職

水穴　水中之穴誠清奇陸地神仙方識之金龍口兮金鰲口金獅金魚口最宜海蟹海馬俱求口魚腹龍藏眞不朽若將親骨口中藏富貴榮華世稀有

倒掛　倒掛之穴却如何龍行正面有偏陂曲身朝回開面轉倒掛金鈎穴最和宛轉迴龍似掛鈎未作穴時先作朝時師幷向前蓋處水直砂飛共莫瞧

迴龍　迴龍之穴却如何龍行正面甚嵯峨回宗顧祖峰巒美倒掛

安坟福更多子龍顧母回頭聳尾轉勾橫山揖拱穴安腮頰後樂
生百福千祥應接踵或有山如騎跨形　面前直硬不堪停翻身顧
祖朝宗去反手勾刀窕丙尋下着頓斂旋踵發青紫百世振家聲
廻龍轉勢對祖宗不怕前遏與後空開　面有情相對照龍虎依稀
撞腹中倒騎龍倒此
石中　石中之穴少人知如龍如虎或如獅靈龜形與犍牛樣口中
安穴福之基螺肉蚌蛤蟹鰲裡但得土穴貴無比岩岸石畔不須
疑只恐砂水不全耳
騎牛　騎牛之形三十六左挽右抱看和睦水城接案寂無譁列宿
貴人似牧犢一名文筆二元珪三四般珪與蓋蘇旗五名擁壁兩珪

六雙璧三台四轉奇下道五戾相并合七星八國正周匝十五玉笏旌旗生雙旗三旗生雜沓十九前迤列戟形樓頭鼓角紅旗迎攢攢簇簇相照應捍門華表挿天生帷幄貂蟬皆主貴地靈孕氣產豪英順騎倒騎無兩樣龍盡昂頭腹中眠

奪氣　奪氣之龍去有餘須從過脈辨盈虛山如過去穴須在要令隱馬與藏車流星趕月脈過月七星之間藏妙穴背星面月奪氣來莫遣眞元虛漏泄橫馬打毬棒對毬百步穿楊穴箭頭又有一般奪氣法山腹之間奪過氣三枝五枝一樣同亦解於中生富貴

借氣　借氣之法來不來剝龍換骨作玄胎勢來形止脈未止隱隱隆隆妙矣哉犀牛解角非無角螺螄脫殼非無殼神龍換骨論故

新蛟龍吐氣看純駁睡龍睡虎並睡龜無突無窩穴莫爲先看土山有奇處穴驗八于井四維新月垂光ㄴ熟辨不近不遠隱如現有時新月魄中安明鉄清奇天心見或安鳳翼與龍珠溫煖恰和氣有餘非窩非突入難識只將來脈辨盈虛

奇怪　奇形怪穴入難信神龍入水口中認黃龍笑天鼻裡求瓜庭廻風風勢迅風鵬擺翼四邊風龕送下海四邊空狂魚作浪波濤起巨鰲湧水ㄴ泉中鼎湖一片蓮葉月畔開御水夫接海藏浮珠海嶼中藏蛇吐舌形尤怪神丹出灶四方空五龍聚水ㄴ品宮蛟龍飲水ㄴ入口荷葉跳珠湖澤中古人立決治風水多求聚散與行止若能於此悟天機造化原來在一指

水砂　水砂之穴最多形。坐下無山可討論。只將水勢求眞理。立塚安坟福子孫。水勢成龍三十二。只認去來看水勢。進龍十六看來朝拱龍十六看其勢。大進龍分小進龍。左進右進氣潛通。單成單舞并雙雁三台四輔吉還同。五星六合并七寶。八國九星出師保十洲有水出神仙。百會進祥大人造。

過海　過海之龍穴海中。大海之中有所容。或居龍口或龍耳。或鼻或頭或龍銜。或在頂兮或在尾。有時龍爪擎天起。四面波濤日夜生藏風聚氣長子孫。

拋閃　拋踪閃跡號眞龍。惟有眞龍不易逢。不比尋常徒炫耀。退藏於密晦眞蹤。老龍睡穩其氣足。不在耳兮不在腹。首尾交加若接連耳鼻之前或藏蓄有時結作戲龍形目鼻臍腹氣皆須捲鼻委蛇應頭額誰知屍穴産英奇戲獅臥虎皆求尾乳虎舌兮飲龍耳走獅毬帶有同心趕鶻虫形求鶴嘴或如蟢子墜絲形天然有穴綱心成坐看綱心朝蟢子樞密將相此中生寶馬貴鞭何處穴四傍車馬旌旗列須求貴鞭順生形順鞭一穴生貴揩驪龍頷下有明珠珠與龍身穴自殊米篩前頭形宛轉攀龍附鳳佩金魚眞形三百六十五分明上應周天度人身命度總如斯消息盈虛有定數

掛燈　掛燈穴在高山上萬水千山皆八望八風不動盡教高下着公卿并將相高山常結龍虎窩十道承漿水不淺照得眞龍天巧

穴判花覗草與拔苘

花心　花心之穴人難識或在山間或在積枝般款窈窠不多惟見花頭乃堆積不問土山不問石石中有土尤奇特蜂飛蝶舞葉徘徊穴向花心貴無敵

漩渦　漩渦之穴最堪佳雲葉團團水漩花穴在窩心最深穩千年富貴孟嘗家

流星　流星一穴最宜扦或在半湖或在田四畔茫然無倚托細看骨脈却連山過水蜘蛛同一體落地梅花皆此意神仙泄漏這真機滿砌芝蘭均當貴

泛梅　真星脫體藕清波泛水梅花出水荷煮繭跳魚并泛藕滿朝

朱紫壽仍多

蹄岑　蹄岑之穴落平洋或在高山頂上藏俗士怕嫌泥水溼不知塋後出朝郎

金櫃　隴頭結穴方如櫃下着人家主富貴。坐山左右一般齊鑰鎖中間有滋味莫嫌穴險不堪安。怪處從來人厭觀認取眞龍眞住處解令白屋出高官。

繡簾　端正尖峰秀且淸眞如仙女出簾形。但向臍中扦一穴立見公卿佐聖明

覆鐘　覆鐘俗呼謂懸鐘穴。險難敎俗眼通但向臍中扦一穴子孫富貴永無竆若是有風須低下。不比尖頭唇嘴者。如鐘只是照臍

法。除此任無他說話。

騎龍◎三十六彫騎龍穴。不是神仙不敢說。水分八字兩邊流。且在穴前傾又跌。徽有龍虎無明堂。水去迢迢數里長。玄武端雄氣還去。庸師豈敢妄評章。眞龍氣湧難歇住。結着穴了氣還去。就身作起案端嚴。四正八方皆會聚。外陽不問有何無。只看滿垣與夾拱。左右護龍并護水。回環交鎖正龍居。或在龜肩在牛背。或作鶴嘴蜘蛛肚。鳳凰啣印龍吐珠。天馬昂頭蛇過路。本案不俱尖與圓。或横或直正無偏。但尋眞氣歸何處。看取天心十道全。或在高峰半山上。或在平洋或溪畔。或然水去萬千尋。或然水遶萬千丈。神仙畧與說規模。自可一湖通百湖。巧月神機扦正穴。何須逐一看沙

圖。若人了得騎龍穴。世代榮昌產英傑。三元科甲未堪誇。將相公
侯朝帝闕。
眞龍頭上說騎龍。千變萬化少人知。豈可三十六言盡。高人心目
自能通。坐山或峻或平漫。案正或偏或尖圓。玄武須行必不遠。前
逢纏護轉關闌。水分八字下前溪。相交咫尺是眞機。縱使流神三
五里。之玄曲屈亦相宜。更有十二直流穴。相合騎龍四十八。四十
八穴若能扦。下着子孫皆顯達。更有十二倒騎龍。前篇砂水畧形
容。千變萬化理歸一。盡在高明眼界中。要妙無非捉脈氣。吉凶禍
福毫釐耳。乾旋坤轉妙無窮。心孔開時不難事。

影光　喬松倒影臥斜陽。紅藕開時鬧水香。窗外月明窗內白。人邊

歸雁戀瀟湘。斷腸聞風于彼處。冉冉感觸歸別浦。全神全氣落何方。未許時師輕謾語。棄却青驄駕別航。月明雙槳去忙忙。青天低處見天淵。銀杏春風度悠揚。陰陽造化本玄微。巧目神機自合宜。多見時師只像像。捕風捉影太無知。陰陽地學曰形家。識得形來氣又差。審氣若能思過半。倒影依稀襯晚霞。

直鉗

鉗穴如叙兩臂直。元辰水直亦消得。須是真龍頭上看。不是龍頭休費力。前面山橫水又衝。本身何處直如傾。古有十二直流穴。細看神仙斗口經。登穴先要看明堂。十二直流仔細詳。此是眞龍有福力。水去山回大吉昌。

天心格。直流長外。有交襟直。不妨。內有眞龍藏玉局。前山多作進

財鎗。

交劍格。如交劍。穴前水順飛冉七。時師只道主離鄉。豈知內有眞

龍佔。

交襟格。面合流水。直山灣最可求。關外便有禽曜照。定知此地出

公侯。

天梯格。直如傾。左廻右抱一般均。外山廻環山聳秀。斷教白屋出

公卿。

注瀉格。水直衝。交牙截水無陌凶。華表捍門居水口。須知此地出

三公。

金釵格。臂直長。一元辰水出去之玄水。纏勝似山纏遶雖然折股也無妨。

金梘格。反銀槽穴。前流水直滔滔。龍扛虎押明堂直。前山聳立出官僚。

兩宮格。似雙虹水去明堂口不封。更得外山來接應。水神停蓄出三公。

寬堂格。最難得。內堂直分外堂寬。龍虎重重開着口。應龍收水便為官。

穿珠格。直流牽穿珠。直出出墳前。五曜連珠卿相地。七星注水出神仙。

飛龍格。似飛龍左右拱衛明，喏規之玄九曲明堂內，狀元拜相賜
外排。
百步格。百步長，外交內直又何妨。更得秀峯當面拱，玉堦流水出
侯王。巽爲御堦
詩曰：直流水去遶朝山，屈曲流去去復還。吉水愈長官職大，只將
曲折斷官班。水須出去要關攔，峯巒謹閉勿教殘。水口無開休下
手，縱然吉地也如閒。水口既寬案山橫，本身何處直如傾。此是仙
人眞口訣，神師秘授斗口經。退步水去有法制，開鑿池塘澄水注。
積水不流如明鏡，富貴須教立時至。
古云：順流下穴宜低藏，當面朝來穴要高。橫龍堂擴水歸鄉，直龍

低下水曲流。

平地窩　平地有突突有窠此則是名抱鷄窠若把蹄岑一樣看時叫無識奈之何金鍋煮爾波吞月落地梅花泛水荷大海浮漚絲釣餌平川躍鯉雁交飛高低圓仰凸平凹浸泛尖方少圓多穴法浮沈分聚散氣明互換莫差訛妙參造化情投眼休學時師妄揣摩。

奇怪總訣　大抵怪形并異穴真龍頂上方堪說若是真龍真佳睛何論端嚴與倚拙只看勢降在何山帳蓋重重抱若環走有真氣落何處參合朝迎與案山一任巧拙憑生氣神仙法眼捍何難

地理輯要二卷終

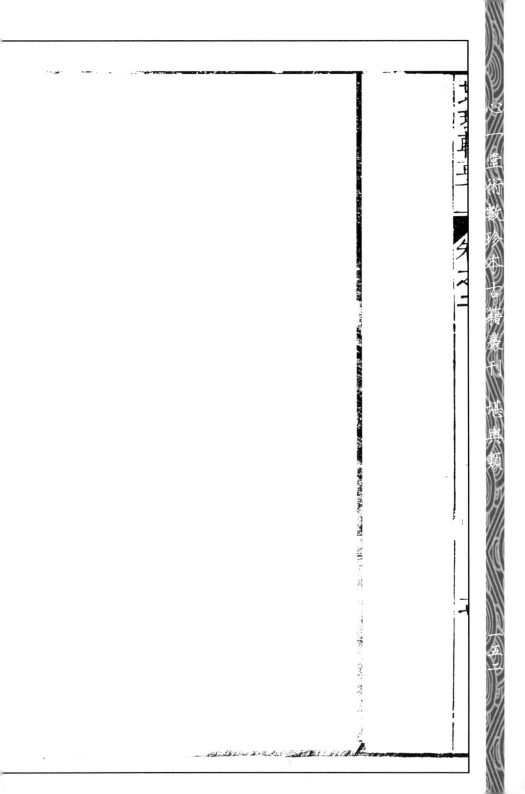

地理輯要卷之三

樸園氏集

玉髓經穴法摘玄

張子微著

穴法茫茫于百門固常纖悉與子論子言廣邈求要旨要旨亦有可得言假如廟堂是大穴穴內寢外朝宮掖分府監省部及院轄皆是小穴居其垣次是衙府亦廣大設廳便坐及轅門宅堂吏舍及軒檻庭院皆是穴紛紜大小身橫又其次十數里間分本原手足肩背及臍腹節節是穴有脈存要識摘玄易知處亦有捷法知其根

天汗

且如高山生沮洳龍真穴真不可取此爲天澤名天汗墓後人家不產乳家業冷退去無蹤任是有財留不住

龍漏

那有山高冷泉窟穴必相當不可忽可於窟弦上開鑿鑿後泉乾是眞窟此名龍漏要窒塞作穴納棺定大發此穴多出富貴人只要龍眞無欠缺

天墟

又有平坡土石枯草木焦疎名天墟此龍無氣更不旺家財沃焦食無餘鑿開必有雞肝石片片黑爛不禁鋤如此形穴縱眞的切恐誤人心願孤

龍昂

又有龍勢穴高昂穴剩嵯峨脈深長此穴須要淺淺下要沾雨露及

三光雖然此論不執一。若是遇見碎石岡。此穴須下七八尺。但得好土適相當。見土之餘莫見石。見石恐遭冷泉攢。大抵嵯峨冬泉脈。所以斟酌要相量

天尺

又有平岡天尺龍。此穴五尺四尺中。八穴太深易成絕。須要淺與氣相逢。經云古法葬平地。須要一丈有餘是。如何摘玄却要淺。恐與前賢說相戾。不知中原千里平。以水尋龍非常理。龍行地中不出地。隱隱深藏龍不起。若非深葬不得脈。淺葬廣遠何處是。又有江湖有湖鄉。三五十里皆平洋。春夏落々皆水浸。只有秋冬見三光。不須深穴聚龍氣。不使水漬年々傷。兩淮東西有山嶺。幽冀陰朔多高崗。如何

執一看平地間有平地在乾鄉。又有四川及秦嶺。峰入霄漢非尋常。偶有平地出龍穴。乃是懶龍氣不長。或是枝龍分脈淺。不能作勢遠飛揚。但作低平細嫩穴。如何過脈要深藏。正緣深藏脈在上。下及黃泉是絕鄉。

天隱

又有諸山極高聳。入穴巍峩或臃腫。或爲獅象虎牛形。頭面不顯手足重。此名天隱最難尋。面面皆高無脈縫。要知龍急下脈緩。脈必有平坡僻送。急山偶有一片平。此是隱藏大造情。故名天隱不露踪。高人識在心目中。三峯兩峰同一面。此穴斷在怪處逢。煩君仔細上下看。未有五里行處龍。龍行五里必有地。何況十里百里踪。大獸大形

多高大湧出頭面多豐隆若一不尋龍精微處天隱如何容易窮

天完

又有石山石片幔皆無寸土石難安不忍龍眞難捨去尋趁十日無足觀此名天完混沌氣龍皮粗厚頭面乾時人莫道無草木不知童山是兩般童山土色雜細碎可栽草木生長難天完之地無縫路蕩々光滑如削刓却須迴環四獸地自有土潤草木生只有相當作穴處頭面幔々皆石盤石必有縫可鐫鑿石板之下有土山若得土時穴須淺不必深鑿入其間鑿開混沌泄其秘發露地氣怕傷殘所以淺葬是法度煩君仔仔細々看

天陷

又有洪迹如見坡此名天陷非真窠斜凹似好非生活龍氣已泄非
冲和推看龍脈必不正穴正當不在他必是蛟龍會育孕發泄洪
窟是舊窠若還塟後家不旺生出缺唇龜背多窮困冷退皆蠢憨不
可訓誨語言訛若逢此地急廻避莫悞世人徒奔波

肉乳

又有土山全是土迴環壙濶穴難取中間處々無石生此名天脆生
肉乳肉地無骨皆軟嫩却有脆處將杖柱杖着數泛杖易入此是乳
頭成穴處諸處地如入一尺此地入土三尺許或深四尺至五尺五
尺四尺挿下去只塟深處為端的鑿見石尖便要住或是鑿見五色
暈々不偏時梲峰主不然上下及左右爭却分毫非正乳若還下得

此穴眞脆嫩易發財祿聚或富或貴可預知更有大局情可許

龍秘

又有山基如釵股中間微狹山水注其奈來龍的的眞不可棄去煩君取此名龍秘不肯納必有眞穴在平處當從高頂作規模濶轉車基丈四五基深平地須一丈金井却於平地取入壙更須深五尺方得正脈氣亦聚正緣龍氣已奔下鑿不深時龍却去更須左右護高山不被風吹不暴露風吹暴露不可下活法在心君記取

龍縮

又有如釵長短股無乳無鉗何處取此名龍縮匕處尋短釵頭間氣脈聚或左或右穴皆然定有外山作龍虎外山一不調和低但要風藏

并氣聚若還外手山不應此物仍從頂上取此義皆爲眞龍說不是眞龍無用處

入朝

又有龍眞過行路橫過穴中眞難斷去此名道可安排三條兩條不須補穴居道上莫居下俯臨人衆我爲主此穴須開五尺深除却基圈三尺許不深行路震地脈未是亾魂安穩所人行水濯日月新行路轉深穴如故

龍奔

又有吐舌出龍虎左右護山遮不住要須吐舌出口來此名龍奔氣難聚安墳如常看龍虎奔外如舌任他去要於墳前作亭屋或如院

掩横截住不然穴中見長舌。朱雀太長兼暴露。時師閒欲施人力。鑿去此山存赤土。豈知龍穴各有形。傷損精神眞謬舉。

天几

又有横崗名天几。宛如曲城似胡椅。無乳無鉗難取穴。此穴正堂枕定尾。若還龍從横頭入。當去尾頭尋趨是。若有應峯在其後。只當應峯正中指。或出三花與兩花。亦照應峰正者是。或於三花取中正。衆花皆長短者是。衆花皆短取其長。不問應峰與龍氣。

天沉

又有來龍出穴形。豎如壁墻曲如城。攀援不上龍勢盡。更無別處可改更。上山下來下山上。水遶灣環直往城。只緣山峻無穴法。世人每見心目驚要知此名天沉穴。也在平地正中心。好龍藏踪造化秘。水須之玄識龍精。

天潛

又有凹穴兩肩起。正對主峯凹入氣。乳頭又更出凹生。坐穴如何安頓是此名天潛不可輕。凹處深藏是妙理。若還更有鬼曜生。只向凹中枕定鬼。只須大大作基圍。七尺基圍作潛體。精神聚處福無比。更於平地入五尺。上下通量一丈二。任他龍氣自潛藏。穴裏精神聚龍氣。

天寓

又有群山盡高峰。中間一脚獨回蹤。衆山排撥無實脉。脈細微也難

認龍此名天寓是奇穴當穴尋龍仍相逢不然衆峰皆是穴如何見得旺氣鐘却防坐下帶神煞山險山高多有凶廻避凶神并惡煞萬代留名仙聖宗

天風

又有高山出龍虎左右有手脚無乳中主大高若無穴望見風吹氣不聚此名天風有穴安上到峰腰有平處平處之穴自隈藏龍虎包裡亦不露龍虎環屏無風起此龍貴處人不喻

天鼻

又有穴前出如意後龍出山作兩臂主山兩脇有穴形穴前如意是餘氣此名天鼻分兩穴兩穴鼻孔皆出氣兩脇天然似掌平穴中窩

窊俱相似生成兩穴無輕重皆可安排無輕棄時師俗眼不能識括去兩傍莖如意不知鴛鴦對穴法徒自傷殘作正位

龍閃

又有眞龍似勾藤反覆如勾變曲行一灣一曲相背面及到穴時依舊橫此名龍閃穴不直却要護托俱有情穴前山水自相應閃〻爍爍穴甚精

天粥天輔

又有眞龍出龍虎中間亦然無正列凸左手外生纏右背〻後右肩短手附此名天粥穴在右當有微〻列凸高處又有右山纏通左〻山後手重峰作亦似天弼形一般翻覆左右如一個此名天輔是陽穴左

脈微高穴在左不拘龍脈看朝山只看臂後短臂頭肩頭高處乳亦起譬如處女乳未浮此穴下得真的處兒孫朱紫富且優

◎龍脫

又有來龍作散巒々內星堆亂重々隱々脈從溪水渡溪上山如几樣同山外有個圓堆起若要尋龍々失蹤此名龍脫不可見圓堆之上穴在中此意最玄來易識富貴鼎盛真神功

◎龍戲

又有穴頭山勢環三峯四峰左右灣左灣看來亦是穴右灣看來穴亦關左灣右灣皆是穴逆看高峯亦可安此名龍戲作弄處畢境中間穴法寬真龍正脈不須惑不看前山千萬般君被前朝左右惑定

將假穴作眞看

○龍縮

又有群山皆出龍大山之下橫出峰毎峯迢迢五六里長引行歩一樣同不知何龍作何穴此名龍亂難認縱六條七條皆相似左右條條灣向中中有一條龍獨短此是眞龍爲正宗衆山皆出我獨縮也處尊嚴護衛叢若非眞訣識玄秘蛇蟠兎走亂橫縱只有高低與長短不差分毫言可從

十巧穴髓

爲君既說穴摘玄再將十巧與君傳十巧纖巳入不識巧處眞玄與言

○天巧

第一天巧最高穴常師懼怕輕棄擎只言高處穴難安不知巧穴有眞訣天巧山嶺分龍虎峻地平夷有門戸八到穴中如半天四望衆星堪摘取日月捍門生當鎮ㄹ外迢迢自有路路可行時水可行水路天然合星數此地神童及狀元子子孫ㄹ皆過庇

○人巧

第二人巧似人身衆山羅列帳重ㄹ宮女承恩正裸體形象醜惡似羞人宮殿罘罳御屏下宮娥扶簇兩三人官家在前幢蓋起寶殿玉樓鳳輦陳造物爲巧俗且拙生及后妃及貴人家門大富及大貴兒孫封侯無白丁仍見兒孫登甲第先女後男貴有因與國同休無世

代此是人巧得其眞

地巧

第三地巧如散星或金或土傳變形多（地四生酉金天九离成之）或四或九爲金化或五或十爲土成（地五生戊土地十己土成之）又有一種爲木化偶暈光圓地面平或三或八是木體（天三生甲木地八乙成之）此是支星貴莫名巧處教人難取穴不知何處是侄城取得穴來無對將又無纏護不可憑大凡此等有眞訣衆大小者是尊星衆小郎須取大者更有水位合天星取得穴成更前後從有遮攔前應星將相公侯此地出俗云散亂切勿輕

水巧

第四水巧龍怪異或在大江或在湖循環皆水漫汪洋不是剌脇便

穿臂若還脚根有石骨不是泥泥浮土類縱是深沉非絕穴出得兒孫白且膩定有前沙及後龍屏幛護多秀氣鍾此中福祿豈可知一個封侯舉家貴要知此巧在何處行水中間龍脈繫或見或隱或夾流尋得龍來穴無地居然却在水中央百個山人無一喜正緣見脈不分明巧在水中難指耳

○石巧

第五石巧石盤生如琢如鐫如切成上無縫脈穿鑿計且無寸土爲遮蔽或如龜背在湖池或如石盤生平地俗人看道是頑石不生草木凡石類仙人一見爲歎嗟撿點來龍眞奇異元來四環皆是土獨有此石呈祥瑞此石依山不可鑿結砌安墳平處是自然融結得山

脉不必鑿開泄石脅欲在湖池是金龜大龜或廣一二里首尾潛藏
出別地此龜切勿鑿其背只須安厝在上頭能使湖池作平地他時
壘土得成山山在湖中四環起此等巧穴人不識不是神仙誰睥睨
若還下穴得精玄皆是王侯公相地

水星

第六水星生巧形或作池塘或草坪或爲池塘或溪畔枝葉散亂不
分明不知何處是眞穴惟有先賢得其精只於水宮定去就便見端
的合此星富貴功名從此出子孫振振官不停

火星

第七火星焰焰起須要渡溪并過水火金得水水成堅鋼火木得水成

炭爾火土得水成尾礫出火過水物方貴堅金得火成器物惟土得火厚其氣火外水生多石利以其例生來尅己若於巧處論造化係是火木隔溪水此星巧幻是精玄或是文星生秀氣或是武星生財曜來此生奇出怪異君須仔細與斟酌定有三公并太尉

○木星

第八木星巧穴生發葉開花小小形半落半聯踪跡秘恰似蘆花裊裊停此是巧形作異穴煩君仔細看分明捉得真形與真穴此是文星貴且清神童三元指日見以水尅應定年期

○金星

第九金星巧穴成為劍為劍為釬形釬取尖鉈劍取星劍有纓眼或

葢纓釵作穿珠要珠應劍有旗鼓或蛟精金星取形非止此此星巧處難見情若還下得此穴着定出侍從典專城若問文武定去取更於龍砂兼辨明

○土星

第十土星成巧穴黃鍾小小律初生麟虞分明在前見寶殿玉堦當面呈出入臺閣主風釆嗣正淸介千古名雖然五星只論巧若論大形于百名假如火燄出三巧却於火中論其精若作三星名字看失其眞理非其情巧穴須用巧人下誤扞此穴如用兵百萬性命分勝負頃刻之間定死生

龍法陰陽化氣部望龍經

吳景鸞著

龍法先觀大祖宗龍樓寶殿弧角同聚講星辰合五九辭樓下殿發成龍木火金爲起伏脈伏如蛇渡走天中木金水土星相間配化方爲上格龍龍若無水不能生無土貴不至三公水口四凶星出面交戈砥柱北辰同合此乃爲大全局五侯九相出其中中等貴龍之態度列屏列帳好尋蹤或若飛鴉并舞鳳水星相間是眞龍獅象列捍門竈蛇生潭洞此爲中全局九卿臺省鍾州縣人材小貴地交牙水口落河生八山尋龍體穿落傳變機穿者平過并穿帳自高而下落者是傳者子不離其母出脈過峽龍相類變者三五變化生大山變小粗生細那枝虛花那枝實只在陰陽化氣覓心腰中出爲陽脉前

去定結眞奇穴貫頂飽面陰死脉只作應樂羅城列先認五星行度
妙炎看陰陽化氣衰金木火屬陽水土二陰曜陽龍行度又化陰陰
化陽兮爲眞兆陰陽不變不融結純陰純陽定絶滅又有山頭看九
星巨祿天財土屬陰貪狼紫氣是陽木金水文蕩陰水眞燥火簾貞
陽火是罡孤武太屬陽金三五共合一太極陰陽各水土星間金木
火高山龍法此爲眞臨江湖海山將盡行龍多是水星形中間金木
火一間鉗落結穴在低平龍無化氣定不結這般蕩體不須尋又有
平岡訣陰陽法則眞覆手飽面劍春陰平面仰掌陽脈形肥厚生來
亦是陽這個陰陽好玩眞更有陰陽名六府陰星太陰孛計土太陽
紫氣羅属陽莫差訛木火行龍特卓立時師皆言爲上格若是孤陽

無水土剋水燥火定不結有等金星磊落落若無水間不開陽時人盡道大博小那曉頑金不結作莫道凶龍不可栽也有凶龍起家國蓋緣未識間星龍貪中有廉文有弼武有破軍間斷生祿存或有巨門力此是龍家間星法到處鄉村可尋覓變星只有斷處名斷處多時星必變貪狼不變生乳頭巨門不變窩中求曲武不變釵鉗覓祿存不變犁壁頭文曲不變掌心作破軍不變戈與矛輔星不變燕巢倘變與不變宜精求木火金多穴尚遠穴結上聚作回龍但見水多落平地必結波心變陽局金土多是横過脈化氣二字總不脫火木雖生無化氣爲官無祿人丁替木土雖剋配陰陽人丁大旺生富貴若遇金變木一發絶宗祀木星變火星拜相總虛名水星變金星淸

貴旺入丁土星變水星逃亡少餘丁土星變金星巨富出賢能水星
變木星翰苑多文名土星變木星一甲輔朝廷火星變金星孤寡痼
疾盲火星變土星將相鎮邊廷此訣不論生和尅只觀化氣洩天機
五星之中水極秀最宜化動木火金土星宜化金木火水土不化却
純陰水星非一樣漲天平地形文曲及掃蕩過峽曲動處動浪于三
汲橫濶擺摺掙幾般水星體細玩要分明龍既有化氣穴定有陰陽
陰龍行度陽龍結陽龍行度陰龍藏先賢以山名為龍以龍變化極
相當龍神得水方昇變乾坤變化皆陰陽又有太少出脈形只喜陽
生不喜陰匕脈龍節行到此子孫退敗見伶仃又有胎息并孕育如
同父母之血精天一生水地六成二五精華由此續橫濶三擺並三

蕩水珠鶴膝蜂腰屬走馬拋鞭并串珠之玄六字見動曲三節中間一點水此是眞龍成胎足胎成結穴自分明弦稜并窩突証佐詳左右天機不虛生陰陽唇臍分差口穴上星辰龍上尋若能窮得望龍理仙師妙用心法傳

望龍解義一 吳國師文口授 金精山人述

觀龍之法先看太祖太宗龍樓寶殿天狐天角五九聚講龍帶天池重〻開帳節〻度峽穿帳傳變火木冲天勢如萬馬自天而下起則豚木飛字伏則生蛇渡水行龍有水土星辰相間無水不生無土不成龍無水星不成變化龍無土星不成上格縱富貴而不至三公土乃五星中之尊星帝座是也故巨門土星天財俱合格局至大會之

地衆山至止處諸水朝元或一百里或二三百里大會於此水口關局十數里二三十里百十里山山起頂要四凶關鎖天文北辰帝星鎖禁城門並無枝葉得此是大關局內有王侯卿相一甲三公莫大之貴中會之地來龍或十數里兩水三山開帳列屏飛鸞舞鳳大頓小伏水口三五里十數里獅象捍門龜蛇鎖洞三五重內有臺省九卿之貴小會之地來龍三五里地十數里水口不過一兩三重有枝脚落河交牙此是小關局內結大州縣小貴但五星變出九星九體十二用九九八十一變化成文昌六府上台中台下台貪巨武太陰是也若高聳須要卓拔飛揚若低伏須要橫攔慢揩是故太祖分龍之處或五星或九星聚講分枝起伏行降穿落傳變要辨幹枝行

龍幹龍重々博換延蔓不生峰枝龍行度多起峰傳變始祖太祖穿
帳後要貫串中頂前出帳要在左右兩邉隱々偷出陽脈分落下來
少祖開帳近穴要在中心出脈方合法度但到府州縣大鄉村先看
水口關局遠看諸山行龍三五里一二十里有無穿落傳變間星化
氣穿者出帳入帳落者穿田過峽傳者子不離母祖宗父母出脈過
峽與穴一樣相似變者陰陽變化陽生隱々而來此一枝前去城垣
結穴或貫頂飽面陰死出脈此一枝只作小應樂羅城而已矣再看
巒頭巒腰巒脚俱要開面伶俐腰間曲動水星相間巒脚帶倉帶庫
生曜生官金符玉尺金箱玉印日月串珠八字清奇巒頭變成上格
但五星九星要分陰陽明白方可登山金木火三星屬陽水土二星

屬陰陽龍行度要陰龍變化陰龍行度要陽龍變化陽龍不變陰不（陰变陽方是化氣陽氣也）成龍（陰質也）陰龍不變陽不結穴此乃萬古不易之法也陽龍下了陽龍絕陰龍下了陰龍滅乃第一之根本也老九星貪狼木屬陽巨門土屬陰祿存土屬陰文曲水屬陰廉貞火屬陽武曲金屬陽破軍金屬陽輔星金屬陽弼星水屬陰天機九星太陽金屬陽太陰金屬陰紫氣木屬陽金水水屬陰天財土屬陰天罡金屬陽燥火火屬陽掃蕩水屬陰孤曜金屬陽三個五行共合成名曰太極陰陽也遠望尋龍之法一枝山脊火木金行龍中間要水土二星相間變化成龍前去結穴成天然但到江湖河海地方大盡之處多水星行龍中有金木火或一星相間定結直平低穴如無陰陽變化則成蕩體花假空凶無

穴但登山尋龍之法看祖宗降勢行龍又辨元始陰陽如運掌飽面劍脊屬陰變出平面肥厚仰面屬陽但陰龍變出陽脈方成龍前去結穴若陰陽不變前去必不作地陰死陽生之理然也要知六府陰陽太陽紫氣羅睺屬陽太陰土計水孛屬陰辨龍眞假要知三個陰陽五行互相變化方成龍格前去定有好穴不知三個五行陰陽根原法度難辨龍穴眞假所以吉地秘存今之學者頗有心得之妙目力之巧暗合法度者有之看見一枝聳拔火木龍神勢如萬馬皆言上格及至入首尋穴則無殊不知孤陽無水土變化名曰剛木燥火所以不結眞穴有様金星磊磊落落或三或五中無水星相間又不開陽名曰頑金必作他山之纏護定爲吉神之朝對山脊之龍逢陽

而化平洋之脈遇陰而結山龍純陰一定無穴平陽純陽决然不結若能窮得三個五行顛倒作用如郭李復生地理之機雖云下學而上達必須生而知之者方達其理也

此眞九天玄女口若懸河將陰陽生化纏變和盤托出學者熟讀而玩之地理之道思過半矣

望龍解義二

二十四龍應二十四氣七十二龍應七十二候天三生木地八成之逢三則變所以遇三擺三摺三動則有變化之功三擺應三候爲一氣一氣變成龍故一字行龍必微微見三擺不然則不結眞穴三十四字行龍倣此要識太祖少祖主星出脈開面隱微兩邊要有夾勢

偷出陽脈從心腰閒抽枝閑靜展翅似有似無下來起伏成格此一
枝龍可尋眞穴或貫頂飽面雖有星峯起伏成格只是無陰陽化氣
必不結穴或作朝迎羅城而已看其行龍是何星多多者爲尊分優
劣前去結穴不離多者龍穴法也如貪狼變乳巨門變窩是也也有
凶龍起家國蓋緣不識閒星龍貪中有廉文有弼武有破軍閒斷生
祿存或有巨武力此是龍家閒星法到處鄉村可尋覓變星只看斷
處多斷處多時星必變近穴斷而復起是欲變星也貪狠不變生乳
頭巨門不變窩中求武曲不變釵鉗覓廉不變犁壁頭文曲不變
落平地破軍不變戈與矛輔弼不變燕巢仰變與不變宜精求凡登
山尋龍之法先看遠祖近宗五九變化陰陽分受成龍結穴觀其閒

星何星多或十節或二十節若木火星多結穴遠必升龍上聚多結同龍穴若變星同前或水星多定在平地結穴多結橫過局五九星皆要木化五九星十數節看見水土二星相間五九星變出五星輔弼結穴定耳蓋一土能變九體曲水制化五星平地龍格或三五十里百十里不見祖只有平田平岡行度一大一小一灣一曲畧有高低之分便有眞龍眞穴至於太祖開帳或五或九同宗出脈或結穴或不結穴看其出脈處隱隱微微不論起頂不起頂偷出陽脈來就證此一枝尋穴或有起頂降勢貫頂飽面顯露又無太極陰陽變化陽出脈者此一枝不必尋穴但到州縣處龍之發祖粗老看見陽龍多陰龍少便斷甲科貴顯之地若陽龍少陰龍多乃淫賤之地則不

貴也火與木行龍雖相生純陽無化氣爲官不食祿後來不旺木與
土星雖相尅乃陰陽相配有化氣故能成龍結穴富貴人財大旺語
曰金星變木星一發絕人丁木星變火星拜相總虛名水星變金星
清貴旺人丁土星變水星逃亾少餘丁土星變金星巨富生賢能水
星變木星翰苑多文名土星變木星一甲輔朝廷火星變金星孤寡
痼疾盲火星變土星將相鎮邊庭不必論相生相尅只論陰陽變化
與諸書議論不同所以爲之秘書惟土星不宜水星水星化動金木
火惟水星不宜見土星夫水星者有漲天水平地水文曲水掃蕩水
過峽曲動處起伏曲動處蜂腰鶴膝動浪三汲橫攔擺摺皆是水星
一起一伏腰硬直不曲動者不是水也切莫錯認陰龍行度陽龍結

穴陽龍行度陰龍結穴龍穴俱無化氣孤陰不成孤陽不生故不結地要合太極陰陽先賢以山爲龍名之何也龍必陰變陽化陽數九九九八十一變陰數六六三十六變魚龍遇水而變化乾坤生成而陰陽變化地理根本之無窮極也若能熟此望龍經便是會傷再復生天下龍神都照破學究天人萬古靈

卦之陽爻曰九陰爻曰六何也奇生數也一三五七九陽也偶成數也二四六八十陰也陽生陰成萬物賴之非陽不生非陰不成陰陽之道生成之數而已

望龍解義三

識龍似乎當識穴但把變星篇內訣千里來龍只要列頭八尺識得

龍真正要看少祖下來數節星峰是何星尊八首尋穴要合變星穴法貪狼變乳巨門變窩是也到頭入首主星起頂降勢尖與圓方正出側出中出左右出只要出脈有精神平面扁陽隱隱偷出脈來從心腰間出者第一上面有大八字下來有小八字到穴有窩鉗乳突臍唇氈口是也攏龍陰來陽受支龍陽來陰受方是穴若主星出脈貫頂飽面無大小八字分合無窩鉗乳突臍唇氈口又無陰陽分受此是假穴無疑或從兩邊偷脈變水星分陰陽結怪穴或有一邊無一邊有或有分無合或有合無分玄武吐舌龍虎不抱只要陰陽分受明白伶俐穴星扁而有弦稜龍神化氣明淨到穴曲動生水多是富格點穴法只要看出脈工夫八首要陰陽証佐結穴求三靜一動

龍虎靜案靜水靜穴宜一動是也支龍平洋並無分合只要臍唇氈口兩邊開脟展翅便是穴情法度如無証佐若是逆局或左右有股陰砂順水抱穴灣環過宮則是眞穴但入首星辰看其粗大細嫩以口訣靜穴八大神仙訣楊公要講明拋鞭須認節避刺要離根扁大臨茲出粗雄帶側尋側栽如把傘平覗似提盆反手拈高骨冲天打顖門此乃祖師口訣千金不可傳人有一等玄武入入不能識結穴大富大貴何也只是純陰起頂降勢入穴平夷為陽受脉無煞氣分合明白到穴曲動星宿証佐甚吉有一等平受星辰入首不能結穴何也只是純陰如劍脊無陽脈分受有煞氣必不結穴此乃仙師妙用如神

望龍解義四

望龍之法但到大府州縣先以水口爲主夫水口者乃龍上發來左右之臂龍合上格發出水口亦合上格合內關中關外關皆要四凶破祿廉文出或變出北辰帝星天樞星禽曜羅星落河火星砥柱中流山山起頂如龍如鳳如獅如象如旗如鼓如馬如人如禽如獸灣曲轉身或三五里十數里一二十里面面開陽此爲上上之水口也關內必有上格龍神計都羅睺天弧天角開帳列屏龍樓寶閣九五聚講火水冲天內有帝王陵寢一甲三公封侯拜相之地或水口飽面陰脉減福一半內結高穴昇龍上聚多出武官或文職亦掌兵權水口左山包右山穴多結在右邊右山包左山穴多結在左邊上格

水口两山起頂一山獨秀無老雞爪交河挿河者此爲大關局大富大貴或有一山起頂一山垂頭有枝脚落河交牙此爲小關局小富小貴龍合上格朝案合上格則水口亦合上格一氣三合龍合中格朝案合中格則水口亦合中格下格亦然初到州府縣未見遠龍先見內中外三關水口便知富貴大小內關好斷城裏諸門富貴中關好斷近縣鄉村富貴外關好主遠鄉村富貴內關不足城市富貴少鄉村富貴多中外亦然太祖出脉要合陽脈如不合陽脉是陰脈者發福行到此處或數節或十數節此處子孫退敗中祖亦要陽出脈或陰出脈此處人財衰敗少祖乃緊要之祖如人祖父母一般必須隱匕偷出陽脈來或三節五節祖宗父母胎息孕育胎息者如人之

父母交感受胎乃天地生成天一生水地六成之二五之精華如同
父母精水受胎前一節卻是變星貪變乳巨變窩是也自少祖以下
或木火金行龍要水土二星爲化氣或水土行龍要木火星爲化氣
自少祖以下橫濶三擺或一兩擺或有水珠蜂腰鶴膝走馬串珠拋
梭織錦之玄八字灣曲動蕩皆是水也三節四五節中間腰彎一點
水便是受胎之處到頭主頂自然明淨穴內陰陽自然分受窩鉗乳
凸臍唇氈口大小八字毬簷界合入穴有水曲動件件皆備孕育生
成太極天然自少祖以下星峰磊磊落落後無水土變化乃父母交
感未變二五之精無水也前面結穴並無陰陽分受雖有陰陽抱衛
朝山拱秀明堂平正皆是假穴無疑自太祖以下陰陽均平前去結

穴。大富大貴。陽多陰少。小富小貴。陰陽不分。總不結地。依此法度。萬無一失。

地理輯要卷之三　終

地理輯要卷之四　　樸園氏集

天元一氣寓形論　　司馬頭陀著

盈天地皆氣也而行乎山適乎水有升降變化之機不同者非不同也因流峙之有形而氣以隨之亦理之自然也積而爲尖圓端方聳直湧動之象降而爲飛騰開展卓拔擺曳出沒起伏之勢大而至于摩空限險小而至于潛踪匿面而其氣未嘗有間于中也氣既囿於形形能變其氣形氣感應而吉凶生焉然形象萬殊應隨其象故形吉者氣亦吉形凶者氣亦凶形舒者氣亦舒形暴者氣亦暴形一者氣亦一形亂者氣亦亂至于清濁貴賤剛柔邪正可類推矣然以其形察其孰陰孰陽審其孰聚孰散明其孰浮孰沉辨其孰眞孰僞非

深知者不能也蓋以動靜之理言則水動爲陽山靜爲陰以險易之理言則夷坦爲陽崇峻爲陰以情勢之理言則開聳爲陽局縮爲陰抽長爲陽硬直爲陰面谿爲陽背負爲陰其形之止聚也則必立向背之情分開閤之體何爲開窩陽是也何爲閤乳陰是也蓋形開則陽發于外其氣浮故屬陽形閤則陰蓄于內其氣沉故屬陰陽則淺以乘之闔以固之陰則深以取之闢以通之夫陽結之屬其形爲仰窩爲承掌爲垗凳爲偃笠爲垂坡爲窪鉗爲傾釁如玦之垂裳如月之抱魄及靨隱漚浮趺盤袂斂脈蘸淺流突臨平盪此皆陽聚之結也陰結之屬其形爲懸囊爲垂乳爲墜鍾谿而肤偃而凸萌如芽凝如節及駝峰鶴頂龍頸蛛腹鮎唇馬跡龜肩牛項此皆陰聚之結也

若其落平洋經曠野則全屬乎陽矣何以言之蓋勢平流緩脈浮氣淺有水以比之無質以累之其爲勢也長若垂虹走若罷蛇橫若衡平彎若弓蒲瓢若遊絲直如絃拽方如氈鋪圓如荷貼死如龍蟠迴如鈎曲其形之顯也如龜鱉露泥魚梟浴浪殼負蝸身肉垂蚌口此皆妙聚之形也若其勢趨田疇行無定踪落無的脈則當察其特大特小或拱或收如魚鱗之參差波瀾之層叠或圓如蛛網轉如象鼻蝌鉗蜈口皆浮陽有氣之聚也然必外流交抱以止之或朝聚以成之心融理會斯可得矣

達僧問答

形以氣凝氣復隨形何也曰凝形之氣一定不動之質也隨形之氣

生生不窮之妙也是知形氣未嘗相離所以能成其變化也故葬書曰有土斯有氣又曰土形氣行物因以生

又問世俗多以五星九曜辨其理獨郭氏言氣鮮能用之今論俱不關涉何也曰星曜以其生制觀剝換之所宜以其方向察趨避之所利辨峰巒大小尊卑貴賤可謂詳矣而於內氣之所稟受則理有不同而言故不及蓋星曜之理與形氣之理不同形氣之理妙用之理也妙用之理非深于覺者未能曉也此支分陰陽窩鉗坡乳肤凸脈息之所止定高山平夷淺深浮沉之所聚雖不涉葬書而理實秉生氣也

又問窩屬陽乳屬陰何以知其然也曰天地之氣一闢一闔一發一

斂實陰陽出入之機草木花菓抽條布葉者氣之行也開花垂實者氣之止也萼之開花豈非氣發於外乎而窩陽可知菓之垂實豈非氣藏于內乎而乳陰可知萬物之理莫非陰陽相乘以生而地理止聚之氣取其陽不犯其陰是所謂乘其生氣也是以陽散于外則淺陰藏于內則深

又問開之屬俱淺合之屬俱深乎曰開合之體明而淺深之法分錯坡平仰則其氣全於浮欹急則其氣未全發于外必平仰然後淺乘于自然之聚破實就虛陽猶未離乎陰也若夫乳肤節脈當觀其兩畔界流之淺深更以稟形大小而斟酌之急緩隆平而體察之

又問何謂淺以乘鬭以固深以取鬭以通曰深淺得宜作用得法所謂目力之巧工力之具是也能明作用之法則淺深自得於心矣乘金相水穴土印木寔作用之妙法也乘金者散緩鋪濶大作圓堆是也相水者傾坡取平大開圓口是也穴土者方穴深取中不培塚是也印木者後接前迎因山續脈是也夫浮陽之穴非乘金不足以聚之半陰半陽非相水不足以發之然相水内又乘金相涵相生也乳脈輕小必印木續微此皆鬭以固之獨穴土之法膚乳粗大陽藏於深必深穴其所鍾鬭以通之不必培土土厚則氣難發矣

又問既欲其氣發則圓為相水亦可何待於方乎曰乳圓則氣有動

息穴方則氣有靜意羅堂圓開其氣動復乘金以聚之使之不散也方穴大開其氣發必方而使之靜靜則不散也培土太厚靜不動矣若夫龍眞勢特而入首或繃或硬無窩無脈此皆濶聚之結見此穴者大開相水則濶繃之氣從動處發於中淺浮大堆以聚之取氣至巧至妙之法也要識所稟所蓄非虛則可所謂聚之使不散行之使有止觸類而長存乎其人

又問窩乳之形易察而眞僞之形難辨敢問其詳曰陽浮之聚必後有隆圓之體前有微斂之勢仰窩偃箕承掌內無稜坎隱然漸低中有肉地者爲眞陡而爲坎及窩太深中無肉地者爲虛益深而陡者則肘臂皆重其氣不發于窩而或流行於左右矣若陰聚之

結膚欲豁而有受。乳欲墜而有蓄。凸欲漸隆而足潤。何爲有受。窩膛隱然歎挖以受之也。何爲有蓄。上小下大則墜而有蓄也。何爲漸隆而足潤。突與節脈隱然而起。則氣不促。足潤則餘氣多而界水不倒。凸然而起。及界水過近者。恐多爲贅疣之氣也。然節脈之穴雖巧而受氣最微。要能于大止大聚處。勢特局眞急中與積氣中求之。因微以識其幾之露。則得其妙。若其勢弱局寬而緩慢者多虛也。

又問何謂積氣。曰主峰重厚端聳無破漏者爲積氣。上地之結。三五節內有之。則其勢來多單弱積輕。則當爲陽聚節脈之前。合流微淺。茵褥平鋪。勾搭平緩。破實就虛。上挨下蘸。爲借脈以導陽也。

又問陰變陽豈無陽變陰乎曰鉗坡深而股重取其節氣倚其盛大皆爲陽變於陰也必深以取之如頂脈長則於未分將分處取之如綳勢蕩則觀其微歛上則上聚中則中聚下則下聚偏歛則氣挨於偏均歛則氣合於中眞龍口之聚也

又問鉗坡之内放低就歛則上水淋頭何以不畏曰夫流亦有陰陽其流平淺者陽會之流也其流陰窄者陰射之流也陰射之流可畏陽會之流又何畏乎（此王柱挾饅頭也）

又問審形察聚蒙師罄徹敢問其聚之之的何以觀之曰定穴之的有一定之理無一定之法有一定之理者雌雄以相濟橫直以相就無一定之法者高低之不同屈伸之不等有以勢力及與不及

而知其的也有以稟形盛與不盛而知其的也有以節脈顯然而知其的也有以動息隱微而知其的也有以剛柔相尋而知其的也有以至中至正而知其的也有以形頓勢閃而知其的也有以合流微淺而知其的也有以微斂轉掬而知其的也有以剪交避缺而知其的也有以內流寬緊而知其的也有以護翼照樂影映而知其的也有以彰照證佐而知其的也千變萬化心目精熟自契之矣

又問世俗以方向定的何如曰以方向別外之符應則可以方向定穴之真的則不可真穴之結大而界合朝聚小而交鎖挹抱乃為相乘之勢亦自然之勢也蓋山欲止不待臨流而勢先殺非勉強

能使其止也山川融結實難全美有內氣足而外氣不足者有外氣完而內稟不完者況明堂來去不能不雜乎吉凶大抵龍穴既定方向隨之朝應形體流水字而不能不符譬如人之貴賤事物各相應矣是以不名龍穴拘一卦則窒而不通兼衆卦則泛而無主古者支神十二自漢以來因後天之卦入干維之向乃支神之柔也支神之向乃干神之剛也故彊猛之勢多樂干神平緩之勢多樂支神雖陰陽相用亦大槩之法也獨八方之風不可不辨夫坎為廣莫風艮為條風震為明庶風巽為淸明風離為景風坤為涼風兌為閶闔風乾為不周風惟東南風不散生氣方向值此者不畏高巔空曠西北最要周遮艮近於坎緊閉尤佳所謂三門丞

開五戶常閉是也深鍾之穴無妨浮陽之穴尤忌

又問郭氏獨別支壠絕不論五星而於作用言金木水土何也曰五星之形易別支壠之體不易別作用則借四星之形金以聚之水以相之土通其深木續其微非以四星之形而能生此也不言火者炎燥勿用也

又問作用之法蒙賜教矣葬書之妙更望指迷何者最爲切要曰乘風則散界水則止則乃大較之說其行也因地之勢其聚也因勢之止葬者原其起乘其止似猶未也葢行勢易辨止勢難辨勢來形止藏風界水虛而無結者多矣其論形止氣蓄來積止聚方爲切要故吾所論皆止蓄積聚之妙也且崗壠多流行平洋多零散

然夷坦亦有流行者固妙涸燥亦有零散者尤妙流行者氣旺而活動零散者氣盛而有餘岡壠頓伏抽息鋪茵展蓐開坪放蕩垂髯拖袂深邃藏風大聚也左右巧如刻側整齊逆水而止小受也平洋不露必受中氣平夷偏隱々隆々法葬其中見其意矣然尤在於支之所起氣隨而始支之所終氣隨而鍾始字鍾字最有意味起氣在始不在終盡處矣若終觀其所鍾方可爲穴葬其所會生氣會合以爲穴也乘其所來急則緩乘緩則急乘也審其所廢挨盛就強偏立以爲穴也擇其所相照樂映應趣情以爲穴也避其所害凹逼箭割穴宜避也智者推類而廣則奪神功

又問等差之異何別曰貴龍之爲勢也當觀其橫濶擺摺卓拔飛舞

冨龍則無此勢矣故叠如帳幙者知其爲臺司之任也重如鼎鼐者知其爲柱石棟梁之器也方如金屏橫如玉几知其爲左言右史近侍之臣也一字長橫三台並列知其爲中書樞要之重也鋸齒排雲知其爲公侯閫帥將相之兼也筆峰插漢知其爲名魁天下終掌銓衡也翔如鸞鳳美如圭璧知其爲臺閣絲綸之佐也龍升雨降知其爲參樞臺部之權也排旗監節知其爲節度侯藩之寄也擁袍簇蓋知其爲邦侯郎宰之職也豸峨笏正知其爲諫諍輔弼之司也書玄摺帶知其爲賢良翰苑之清也劍橫甲露馬馳纛展知其爲方面兵權之勇也庫堆囷列知其爲貫朽粟陳之富也幢旛擁矗知其爲禪宗佛祖之居也霽霞重叠知其爲還丹升

皋之仙也蛟奔虎怒知其為赫靈血食之祠也以端正而知其忠以傾側而知其佞以柔亂而知其淫以卑劣而知其賤以粗猛而知其惡以瘦薄而知其貧以粹美而知其慈以威烈而知其斷分竆源大江以知其出身之遠近觀外城內局以知其器量之宏隘況其出沒有偏正卓展有大小詳而等差之其中不遠矣

又問有龍而無結者多其病不知何居曰夫龍之病全無頓伏者病在於形困跌斷過多者病在於力倦出脉不起峰巒者病在於分少而與輕瘦硬如竹節者病在於強直而無活身輕而足重者病在於幹傷氣弱脉短而促縮者病在於氣廹不舒曼長而窈窕者病在於過柔而流活頂破而身漏者病在於虛餒而無積形雜而

無特者病在於勢亂而無所宗彼陰勢之[illegible]度脈之妙者如絲之飄如璮之鋪如雞之鬪如人之揖如橋之接如線之拽如綆之垂如梭之度如星之流如毬之滚如陣之戰如劍[illegible]如[illegible]護峰起池夾如之何不為上胞[illegible]融結[illegible]哉

司馬公姓劉名潛宋哲宗時南康府人遁世為僧直號頭陀達僧問答發揮皆是堪經旨趣僧死竟失其傳前明寺廢遂得此於佛腹中

陰陽二結發明

樸園謹釋

或問司馬穴法謝廷桂以為怪穴而今收為結作部不收入怪穴者何也曰陰陽二結俱係結作之恆常並非怪穴而彼認為怪穴

者由其未曾細心究其形穴也其種匕名色粗看似異究而言之不過窩鉗乳突四者從四者而極其變化耳並無怪異也仰窩者即開窩向上者也承掌者坪中結穴如掌乃平淺長窩也兜甕者山腰結出仰窩所謂掛燈穴又曰馬蹬甕也偃箕者窩之不圓而長者也垂坡者窩勢濶大平淺口開如傾者也蟠倒者山之逆轉開窩者也窄鉗者鉗穴也傾壘者如酒爵傾酒向下窩之峻而側者也玦裳者如玉玦掛裳乃峻面開窩窩之最峻者也半月者上頭開半個窩也靨隱者微凹也漚浮者微突也趺坐者多裀褥之仰窩也袂襝者開窩而兩手流動者也至含珠吐珠二結則由窩體平仰而窩內有生動或取尸內之微泡或取口外之裀褥也脈

蘸者大窩之內有一脈自上垂下直至臨弦而結上接脈下蘸水故曰脈蘸也突臨者陰突太硬粘突而扦其褥也懸囊者即大乳穴也上大下小曰乳上小下漸大曰囊亦曰懸胆也容肤者粗大之垂乳也偃突者秀嫩之突也節芽者芽乃動處之微乳節乃動處之微泡也駝峰者天才犖駁穴也鶴頂者垂乳硬直而尖故壓煞而扦其乳根也龍額者穴垂大乳乳不突起而開仰面者是也蛛腹者肥飽之圓突也鰻唇者脈來平軟至盡處微起下有裀褥塊收馬跡者山鋪裀褥而褥中有突湧起皆陽中化出之少陰至精至妙之結也已上陰陽三十二結凡屬窩鉗者為陽屬乳突者為陰至平洋平田則取其氣之動處其形雖不甚顯然亦不離此

四者之形局也陰陽之結總不離窩鉗乳突之變化但曲盡此四者之變化耳又何怪哉

堪輿家㝡著者曰曾楊吳廖其論巒頭咸從五星九曜盡其傳派俱從丘公天機素書來也獨郭氏以生氣言其後絕無言及者借司馬公此書而已矣

儀操氏曰地理家惟生氣一事㝡爲難言盖山將結穴自然有一種秀嫩生動之氣然不可以形求又不得離形以求者也若以形求則惟陰中有陽陽中含陰者太抵有生氣故先賢多以是言生氣也然生氣亦不待辨陰陽而後見者所以不得竟指陰陽爲生氣但可謂此近生氣去爾

凡形象者可以目覩生氣者只可意會而難以圖著更難以言傳

微生動活潑平坦之可相氣附於形形感於氣藏而不露龍朝砂

水諸証佐皆証明生氣之在是也若識生氣舉目知穴龍朝砂水

爲驗穴之富貴大小耳潑潑靈通化有基陰陽變幻隱玄微生生妙用神能化不化何處認生機

地理之生氣即聖門之一貫釋氏之禪機悟得時舉目盡知不達

者畢世茫然茲地學之心法非靈明神會者莫能通矣若識得生

氣點穴無難事矣

二十四葬法

擔傘 左右一長一邊短乳偏側受微微反必然堂氣一邊寬認情

斜下一擔傘

正葬　穴情端正護纏齊。堂氣分明認得宜。葬法天然無改易。孩兒
三歲也能爲。
打開　出身惚似懸鐘樣。又如鏡面無紋浪。必須鑿入出窩鉗。到此
名爲打開葬。
壘墳　平地生突突生凹。不可與作妄干涉。畧開浮土便安墳。壘土
成墳爲剝接。
懸棺　結穴沉泥并沒水。打開實處再結起。高封巨壙作懸棺。壘土
成墳接生氣。
剝藍　堂側情傾形歪差。或如鼠肉或斜挂。迎堂截氣任偏斜。名爲
大小剝藍下。

馬鬣　高山有窟〻中突淺開金井藏金骨塟了仍培似舊時馬鬣

封兒微露出

回龍　龍勢過關或過峽回脉轉跌生齁⿰鼻合玄微未甚大分明顧祖

明堂挨右插　齁⿰鼻合音哮呷鼻息也

騎龍　龍神盡處生突兀更無玄微并窠窟退後扦取作騎龍打下

明堂墳補出

拏扯　穴情還脈明堂拙外山外水夾交結趟明交結外明堂此塟

名爲拏扯穴

停驛　嶿上須要明端的多有穴情入不識但依法例與扦栽以此

名之曰停驛　過脈橫下要看後有樂星前有兜金堂局

鬪斧　真龍桄險無纏護，後有鬼曜前無聚，覓取朝迎穴可扦，直來橫下如鬪斧。

擔凹　穴情恰似蜂腰樣，腰下分明如仰掌，心點穴塟其金，高壘墳城爲外相。

抱兒　上急下緩氣歸低，穴臨龍虎遶東西，乳心擔斬迎前桉，勢若抱兒是此分。

吞入　氣來斜擺似胖屈，直須打到胖後骨，莫教堂氣有偏枯，此是陰陽吞塟術。

吐塟　情若流珠草露微，不宜侵損此真機，撞頭借氣糙蹤下，塟了仍培似舊時。

浮甃　情低夾輔兩邊高下手其如壓穴何畧破情因培客土此名浮甃細推磨。

沉甃　護短情高若露風須教下手用人工高打深藏平夾輔此爲沉甃有奇功。

牽牛　上下左右兩情由兩情兩穴兩般籌高低深淺依情勢此法名之曰牽牛。

就飽　珠塊坡突半大小右平左面生牙爪大邊立穴補小邊此法敎君名就飽。

傷饑　貼脊回灣成曲池不深不淺帶狐疑培前築後由人力葬法其名曰傷饑。

撞穴　情峻堂深水撮脚到此狐疑難把捉必須撞入作吞安假立

墳塋眞郭撲

木芽　直木揷下嘴頭長不堪盡處論精詳中停厚處知饒減自有

生芽意思長

牽弓　弓若滿時頭必倚側尋肥穴教君知箭筈未發弓牽滿箭發

弓回切莫施

葬法多様先明倒杖生死順逆蓋糧倚撞陽落有窩陰落有脊入手

星辰從頂而立陽來陰受陰來陽作上有三分下有三合个字三丫

要知端的大小八字貼身蟬翼股暗股明有緩有急上出明肩下開

暗翼毬簷毬鬚入中難識純陰純陽天乙太乙界水蝦鬚微茫交接

左右金魚羅紋上棺蓋口要明淺深有則脈不離棺棺不離脉割腳淋頭臨頭合腳有臨不淋有合不割就濕眠乾眠乾就濕牝牡交媾雌雄相食放送去微接迎莫失後倚前親正求架折倒杖放棺在師口訣拂耳拂頂須分順逆枕對之功博花接木急則用饒饒則用急高用藏風低不脫脈棄死挨生要知來歷不離分寸乘其噓吸點穴安墳如醫針灸明師登山一一能解得師真傳瞭然在目風水自成不壞骨殖木根不生蛇蟻不入已上真文口傳心受不授他人惟傳子息有義君子登山指畫無義小人千金勿泄

陽落有窩

譚文謨著

陽落星辰是若何形如仰掌略生窩或如開口宜融結會有人來識

得靨。

陰來有脊

陰落星辰劍脊形。肥圓覆掌更分明。或如葱尾宜齊短。世上何人識得真。

陽來陰受

龍如仰掌是陽來。自是陽來陰受胎。凸起節包為正穴。覆杯相似不須猜。

陰來陽作

星如覆掌是陰龍。陰極陽生理在中。到穴畧開窩有口。其形馬跡並相同。

上有三分

入首初看个字巔。次看凸起節包遷。終看蜆硬毬簷畔。龍水三分勢自然。

下有下合

龍有三分在上頭。更有三合下頭流。合襟蟬翼兼龍虎。好在其中次第求。

个有三义

龍分項上有三义。左右名爲龍虎砂。一脈中流宜起伏。形如个字正兼斜。

大小八字

大小八字跡微茫。生在節包塊硬傍。若是分明爲大地。但須脚短莫教長。

金魚蟬翼

明肩暗翼號金魚。蟬翼之名果有無。龍虎砂如雙硬翼。其中軟翼汝知乎。

雌雄牝牡

龍從肤口認眞蹤。土宿羅紋穴一同。砂有暗明先後水。細分牝牡別雌雄。

正求架折

正求架折氣行流。正出星辰是正求。側出星辰爲架折。但從入首看來由。

拂耳拂頂

氣從何入不須猜。自是正求拂頂來。架折由來爲拂耳。須分順逆莫違乖。

前親迎接

前對合襟是接迎。合襟前對曰前親。必端必正無偏倚此法由來世罕明。

後倚放送

後枕毬簷放送加。毬簷後倚自安舒。不偏不倚堆端正壟法其斯之謂歟。

臨頭合脚

臨頭合脚地方眞上下由來眞氣凝上梳毬簷端且正合襟下對白分明。

淋頭割脚

無毬披水是淋頭無合名爲割脚流或有上來無下合這般假地不須求。

眠乾就濕

上梳毬簷正放棺水分左右曰眠乾放棺下就合襟水就濕之名埋亦安。

毬簷

到穴星辰塊硬全毬簷相似自天然肥圓融結宜端正氈口生來在面前。

氈口

毬簷之下另生窩氈口原來正是他此是天然眞正穴就中倒杖豈差訛。

羅紋

結穴星辰似覆鍋覆鍋頂上要生窩此是陰極陽生處廻紋恰如指上羅。

土宿

結穴星峰大口開開口口內要生堆此是陽極陰生處土宿之神似

覆杯。

倒杖放棺

十道先於塟口安。卽將直杖倒其間。毬簷之下合襟上。枕對無偏卽

放棺。

急則用饒

勢如雄急是陰來。雄急來龍緩處裁。拋出毬簷五七寸。免教白爛骨

如灰。

緩則用急

陽來坦緩勢逶迤。龍緩扞於急處宜。湊入毬簷五七寸。免教黑爛骨

如泥。

藏風脫脈

穴法窩低總不拘，徑依証佐是眞機。藏風之處高爲妙，界水之中低亦宜。

棄死挨生

來龍強弱認分明，入穴仍推厚薄情。砂有暗明水寬緊，挨生棄死穴方眞。

深淺

深淺由來不等閒，須分平地與高山。高山止與明堂並，平地還深一尺安。

家寶經四字口訣

係倒杖總索二經之傳

胡矮仙著

勢　龍欲辨其行藏動靜

龍看欲活。分降陸不同。有上有中有下。夫標夾磊落大起小跌。尊星端正迢迢清秀。勢之上也。踴躍起伏。行度蛇蜒。勢之中也。屈曲盤旋。倨軟善慢。勢之下也。是皆正降。若其變態。又非一端。有合踪左右而過者。有斷續隱沒而來者。有正入首而横抽者。有側落頭而正出者。有如萬馬自天而下者。有如金龍盤雲者。有如蒼龍出洞者。有如驅羊馳陂者。形狀百端。皆爲特降。尊貴起伏生活。是故情生爲上。勢死難裁。經云。若是眞時斷又斷。又云一堆復一堆。富貴自胚胎。此言其活勢。然其運而不來々而不斷々而多續。經云三斷五斷亦來龍。不是神壇即社廟。此謂勢死。故觀形不如觀勢焉。

意　局欲究其融結聚散

局觀大意。結聚欲完。專要特來。四應環拱。三關交度。十字對登。盤匕東繞西昂。簇匕前迎後擁。羅城如列宿之拱極。大會如百峰之朝宗。不欹不傾。不寬不廹。或脫祖離宗而坦然中起。或翻身逆跳而轉腦回迎。切要脈氣歸隨。最喜橫攔過後。散緩者。其意不轉。反側者。其意不住。大緊有意者。如君臣之朝會。無意者。如行客之分馳。至若牽飛左右而外顧。前後而背張。此藐然無意明矣。經云。空手把鋤頭。步行騎水牛。人從橋上過。橋流水不流。此又局意隱微。穴地多如此。神而明之。妙意有在焉。

情　穴欲詳審其正斜善惡

穴審其情必辨入首或有而無或隱而顯不偏不側不峻不廹隱然不露灰中之線宛然開鉗結穴之窩或中出而從傍或斜行而歸正或開明堂而合襟應現或交聚而分界微茫砂搭相交應隨來會是爲有情縱然脈落依稀轉躲變換蝦鬚分界交砂合襟定有湊集切要左右回頭而相顧前後昂首而相親經云衆聚恰如雞見虵是也復有朝而後顧從此去而回瞻此情只在其中豈躲身閃脈故曰觀勢不若觀意觀意不若觀情如得其情可以察理

理　脈欲精察其分合厚處

察脈之理滴流精玄玄武端莊金龍會合草蛇曲動灰線直流兩腮界送而合注小明堂一線微茫而瀑起水聚處或盤渦宛匕或浮漚

隆隆彷彿依稀。乃其紋理。太直不是叢雜。愈非。太直只是流脚枝條耋之冷退。叢雜盡屬凶神殺路。犯則必凶。若能細察支理。方可與言倒杖放棺。吻柴十字之妙。

家寶內旨　又名穿針眼又名一粒粟

正脈取斜。斜脈取正。聚脈取全。散脈取就。傷脈取饒。緩脈取鬪。急脈取緩。雙脈取短。單脈取實。直脈取曲。曲脈取直。高不露風。低不脫脈。點穴安墳。如人針灸。要旨微茫。認取來歷。似有似無。藏踪閃跡。草蛇灰線。細認來脈。氣真易下。脈真易識。仰掌平坡。鋪氈展蓆。這般形模使人難識。切認交襟。明堂取局。穴正取中。穴斜取側。細認星辰。看其踪跡。認看得真。如綫穿墨。不認來情。如何辨別。入路分明。方可下手。

開井放棺。用師口訣。挨左挨右。看其來脈。橫來直取。直來取側。脈不離棺。棺不離脈。棺脈相就。博花接木。認得真情。毫釐絲忽。仍察陰陽。一強一弱。陰來陽受。陽來陰捉。到頭入首。分別順逆。逆中取順。順中取逆。順逆相情。閃側觀脈。饒龍減虎。強弱順逆。鬭脈生爛。氣衝腦散傷脈。生白離脈。脈緩入。細認星辰。名為中的。忠厚君子。氣從頂入。脈緩正求。有義之入。氣從耳入。脈急架折。十二字穴。依法裁截。開井放棺。倒杖之法。蓋粘倚撞。斬截吊墜。挨拼斜插。正求架折。來去順逆。死生強弱。得師口訣。不害骨殖。木根不生。虫蟻不入。既通其一。萬事皆畢。

三寶經葬法

劉江東著

大凡登山尋地。先看星辰去住。情性向背。左右交顧。朱雀朝揖。水口廻迎方可看入首星辰是俯是仰勢傾左右然後辨脈從何來認其生死順逆強弱轉跌斜閃生脈者如山中之蛇行如簷前之水滴如人指之有節須要斷續斷處乃陰氣之所生坐下雌雄交會處乃陽氣之所止陽氣既聚偃仰流動三摺爲貴陰氣生氣情分厚薄陽氣聚處以定淺深死氣之脈形如溜竹硬直不動坐下無有交會合掌直牽更如甕肚鼈裙此名死氣生死既得要知順逆順逆者正側來皆有如正落之脈垂下爲順如人面鼻垂到鼻頭下却要擺轉斜出便是順來逆受逆脈者如人身左右斜來走閃臨入手却要擺轉脚下正出此是逆來順受然看葢穴入手有順無逆何以見之此乃上佳不須用饒減却是翻到上尖下圓乃順逆相混但葢穴後平緩

所謂後至不怕安絕頂是也。順逆既別。要知強弱。強脈者。全陰之勢。如劍脊。來勢勇猛。露而不隱。來而不受。小人之義。所謂強也。弱脈者。全陽之勢。來如偃仰。軟弱困倦。隱而不露。受而不來。君子之義。所謂弱也。強弱分明。細定轉跌斜閃。轉跌者。如瓶中之瀉水。如杖中之轉毬。或左右伏而再起。各爲轉跌。走閃者。如人身上脈在胸前正落。却擺轉左右氣堂出穴。又如玄武嘴長流到動處。雖有脚出長。然有小明堂。左邊斜出閃歸左。右邊斜出閃歸右。此二件便爲斜閃之術也。既知生死順逆強弱轉跌走閃。然後內有八股八穴。節包珠乳氣梗塊轉皮。亦有近田出口者。亦有高山坐下界割者。有轉上唧柴開口者。眠乾不易。坐濕亦難。節包梗塊入手。必出毬簷珠乳氣糰。定知出口。毬簷者。切要三門永閉。出口者。定須來路分明。識此造化無疑。方知用功倒杖倒杖之法。要看脈從何來。氣從何合。大凡正出正結。總有大小八字分三路。謂之三龍。要看中間一股脈落。脈上細認滴斷處滴斷處便是小八字毬簷。圓處爲陰。下有兩邊蝦鬚水送到脉下合。謂之蓋口。尖處爲陽。上出者。上有三分。謂之三陰從天降。下有三合。謂之三陽從地升。穴之俯者。上要取第三分毬簷滴斷處。正立一標準。下取第一合水坐處。正立一標準。却將一線立於兩準頭上。便知淺深定向之法。外將一杖從兩邊腮水量度深淺相去五尺。則穴深五尺。若是七尺。則穴深七尺。若得一丈亦然。如是穴若仰者。却將一杖從小明堂正立一標準。以一線繫毬簷標準之上。却將前標準

線與上面毬簷上線[illegible]斟定。若是依前許多尺寸。亦如是約
是尺寸了。又將一線[illegible]水小魚腮發水處約二尺。兩邊各安標準
便是十字。開壙要在[illegible]之中。便是枕龍之法。若是高了一尺爛了
上截。低了一尺。爛了[illegible]定了高低尺寸。又要看情分厚薄倒杖
放棺頭正枕毬簷。不闘[illegible]若是偏歸左邊定是左邊黑爛。若是偏
歸右邊定是右邊白爛[illegible]明師指示前親後倚之訣。爲人卜塟
萬無一失。若是正出正結。矛要三合入手看。三合名字者。住處隱然
爲第一合。貼身雌雄交襲爲第二合。左右龍虎交會爲第三合。其側
出之穴。亦有一股陰流腮水。送到脈盡合者。亦有股明股暗。亦有一
片三叉者。側出之穴。多是逆來順取。倒杖放棺。亦頭枕毬簷之上。然

後略撥棺脚三分。正對一片先到陰流隱水佳處隱然爲的中正不必饒減自有饒減。若向可取脈之餘氣盡處爲向。此大謬也。大凡側穴要認那邊是生。那邊是死。若知生死。定知梲生氣出死氣。但知是正側二穴。皆有前親後倚。但是死生二字不同。後倚者要知厚薄。棺頭正梲毬簷。不鬪不脫。謂之後倚。棺脚要對其二水合處。要知生死爲的。中正無偏者。謂之前親。但有一等小小圓金結穴。多是上尖下圓。上聚下散。此乃截傘頭梲金頂爲是。若穴不必饒減。却要順下圓峰之後。更要來脈細小。金頭微匕突起圓金。若是腦平便爲氣散。不成地也。若上聚之穴。既無二水小明堂。却是陰陽相交。順逆相混。要看左右前裁。只是開井放棺。在於毬簷下二尺。用工掘開。不可太深。

開穴太深。只是死肉。壞爛下半截棺。蓋穴名爲鑿桶漏所以經云後至不妨安絕頂。愆來不怕塟深泥若人明得此訣爲人卜塟萬無一失。倒杖精通切憑十字剪裁搶土之法。蓋穴作墳要短不宜長明堂要攔起。若是不攔墳頭太長必主退盡田園中房死絕糧穴搶土堆起墳頭墓後要接來脈。墳墓要回不可太長。若是長墓定主養尸不壞。只是不發禍者。標準之上。與穴中之準相登。其繩須與穴準及明堂之準。地面相平。却用杖約量高低尺寸。則淺深之法亦如之。此不必求合。以來山所屬步量之法。淺深得乘風水自成矣。

穴名總計下手工夫

四應定穴。有正宮者。當正毬下。四應內亦有架折下。

犂壁面氣看脈絡。其間有何名字。却于氣盡處下。

牛脇扇。牛肋𦜞。如牛之肋骨。取短下。

鶴嘴即立武。嘴高扦乳騎龍下。

毬穴天心圓處下。

懸囊垂搭。上尖而下大。斬破下。

薄荷葉。挨尖剪下。

八手攀鞍紅旗。垂脬頭下。

草蛇灰線。盡頭下。

灘水之流。盡頭交結下。

羊心。看尖心上下。

鷄心。心上看嘴。斜插下。

尖穴要破一分下。

棋盤角。平地盡處下。

垂珠。珠下畧破下。

曲池情動。金頂處下。

塊氣窩穴。盡頭下。

魚泡。看前尖飽上下。

節上飽處挨尖下。

鉗面如掌取短處下。　　羅紋盡頭交結下。

生鑑背看脉着處下。　　葱尾全尖斜剪下。

水上浪盡頭下。　　葛包飽上破下。

兜肚角中尖下。　　蟹眼斜剪下。

腦大圓落處下。　　蒜頭分上下。

紫氣垂到處下。　　梗盡頭下。

脈盡頭下。

逆來順取

師云此脈上面氣脉逆來下面分水處順出兩邊蝦鬚水齊到兩邊齊生放棺要對中心二水合處所謂氣脉斜來直放棺是也。

順來逆取

師云此穴上面氣脈來到小八字擺轉脚逆出一片蝦鬚水先到一片後到片生片死開井放棺要扦左邊蝦鬚水先到爲生又爲棄死就生棄法云順中取逆經云直來斜放是爲難爲八卜棄要知順逆二路也

股明股暗

師云此穴名側出之穴一片股明一片股暗股明者生股暗者死開井放棺要對一片水明處爲向棄了右邊死者葬書云乘金相水風水自成也

邊厚邊薄

師云此穴名片厚片薄厚處爲生薄處爲死開井放棺挨歸厚邊所以挨生氣出死氣不穢两邊金魚水會只是一邊生處水先到爲厚也書云生氣從耳入也

順中取逆

師云如一個星辰作五穴五穴皆有脈時師難辨如雪裏飄梅若得明師指示口訣梅自分明又曰是真穴者必有氣脈有分下面有合合處流動散復聚此是真穴也若上不分下面雖有合不動直葬此是假穴也

順中取逆法

師云此二穴名龍從左來脈從左落龍從右來脈從右落假如脈從

左來者點穴要挨歸右邊如脈從右來者點穴要挨歸左邊此二穴講明順中取逆名饒龍是也

逆中取順法

師云此二穴名龍從左來脈從右出龍從右來脈從左出龍從左來脈從右出者點穴枕歸左邊龍從右來脈從左出者點穴枕歸右邊此謂逆中取順名爲減虎之義此二字講明順逆二路饒龍減虎之說也

浪花滾月

師云此浪花滾月之脈此法多在平田一節低一節如水浮簰到結穴處要兩邊出翼迴環隱然左右有尸出眞者面前田塍塊轉牛角

唇又如初生月便是證佐點穴要對前面唇口之中不可偏歸兩角有深田開口無唇此是死口切不可葬所謂浪花滾尋眞月也

二十四脉生死入手歌

雌雄陽旺正胎息窩突榮枯誰曉得潤燥圓金匾瘦中湾凶健死看來歷惟有平坡似掌平散亂椶櫚君休憶孤露之脉出不關懶坦無交休要覓二十四脉誰能分生死二路眞知識後學時師切用心得此眞經莫輕泄

尋龍歌

登山涉水尋眞龍莫失龍神去住蹤到穴要看三台水坐中最怕穴乘風陽朝切忌當頭射兩手脝嫌跌凹空看取前朝朱雀位過墳逼

壓總爲凶

平地龍落穴眞僞

龍行降勢出平洋好向其中仔細詳骨格不隨高聳起水城只要認微落靑龍隱隱來朝塚白虎微微揖塚堂只要城門吉星合家中富貴世傳揚

高山龍落穴眞僞

山高壓脈成絕地凹深睜跌不藏風明堂叫瀉兼寬曠朝對高低有陷空白虎縱饒朝對內靑龍灣抱曲如弓最嫌對面山低陷更怕砂頭嘴返宮

四神口訣

大凡下地有玄微四位凶砂亦要知切忌青龍砂擺尾又嫌白虎口啣尸青龍走竄君須忌白虎山飛斷不宜玄武若發長吐舌定知殺却少年兒

又訣

葬地明堂不怕寬若還側逼不須安元辰放水終須閉局內防砂莫太闊左右若還都逼促兒孫定是出愚頑垣平萬馬皆容得富貴雙全出大官

結局

玄武莫令長吐舌明堂又怕似茶槽若教直下鎗頭穴傷殺人丁不用刀覆杓山頭砂不抱箕背上水無歸水口笑開都不掩蝦蟇皆

上八風吹

水口

神仙妙旨有多般水口砂頭要緊關坐下若無三合水面前空有萬重山風摇地戸終湏敗水破行痕不久安左缺右空非吉地士牛直去不須看

陰陽生死急緩強弱順逆

來如劍脊爲陰覆手爲陰右爲雌陰爲雌來如仰掌爲陽左爲雄陽爲雄脉小而活爲生脉大而蠢爲死如豚來太急又且雄強或山勢峻急氣來逼迫宜就脉小絶處畧入些少放棺以待其氣此等法也否則傷龍如上面腦平脉來太緩宜掘入脉中以接其氣此逆法也

否則脫脈浮者爲強與陰字同脈拋起如蜂疸有氣力急者爲強強佳處用正毬下沉者爲弱與陽字同脈沉復拋起陸續不斷沉者爲弱弱佳處用架折下須仔細看佳處是強是弱倘是強處佳就弱處架折下倘是弱處佳就強處用正毬下弱處多就強處下強處多就弱處下故曰強中有弱弱中有強也

下手口訣

立穴之法須要內接生氣外接堂氣〻行地中乘風則散界水則止勢來形止之地不問山谷平坦必有大小明堂方爲受氣之地立穴淺深亦有其法必於明堂聚水之處立一標準又於穴中立一標準以小繩挂於堂或不倚節包上聚要取圓暈處打開作壙不可見脚

下取其旺氣以沾雨露若脚下出見中房冷退之患若不見下面六年大發斜穴者用工多是正身粗大却是尋手脚下軟處安穴多是挨金剪火却要畧匕打開更要横作墳墓只要五尺土數明堂要開槽直去取水以殺火氣朔貧暮富若不開槽先遭瘟動火後却發福插穴名插肩騎甃法又名插筆下其法用打開吐出一二尺安穴作墳横剪脫殺却要兜起明堂墳頭要短不宜長左右回顧在懷抱之中方可攧也不如此立墓决主內返殺入懷筆賣田屠牛宰馬矣

分龍

大八字

三龍

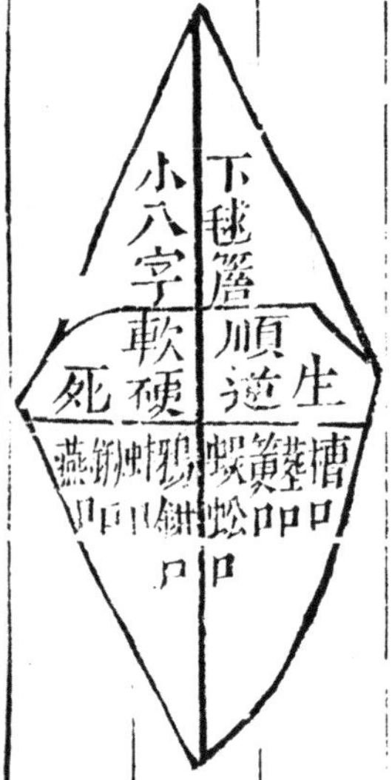

此穴大口出小口者大口者鴉鉗等口也小口者微茫水盡處是也又名上陰下陽上小八字尖處爲陰下二小合尖處爲陽中央十字爲斗口穿心唧柴放棺後枕圓前對尖即前親後倚也

點穴法詩本倒杖

左插先到右八首右插先到左八首兩邊無插以何憑看取到頭左右口

羅紋土宿歌

點穴天機尋水路且要羅紋固羅紋不固穴非眞虛實不堪親第一紋星覆金碗隱々堂氣暖第二紋星仰掌窩隱々好箕窩第三周廻螺殼旋坡坦微茫見第四粼々生鐵壁燈搭藏踪跡第五窩々燕子

巢伏仰處成四第六螺螄開腌路不怕金剛肚第七先須認界水忽地浮漚起第八依稀界送訛閃側有盬窩第九瘤包疹塊生不怕面前綳第十橫斜金斗口喞柴串前後十一寬平口濶開十字要喞柴羅紋且要土宿證後樂登前應穴々要此二星明方可表真情第一正星梳雲月入手眞奇絕第二品字列成山富貴又何難第三到頭橫五尺一品文章格第四出面覆金鐘富貴結錢龍第五巍々天冠樣八穴到頭上第六明堂尊貴入壓穴貴難名第七明暗寒々蝴蝶兩角左右出第八長短躍魚鬐夾脊兩邊隨第九靠穴拖長舌中出長拖舌第十貼脊蟹蚌形依俯自然成十一隨身如斷杵斷處堪裁取十二低脊來撞頭掘鑿一場休羅紋土宿來證穴富貴難休歇

凡星龍之來既住分合之界已明入受端的基窩分明切須仔細檢點羅紋土宿二星証穴始辨眞僞故曰入受生微翅基窩若旋螺裁剪分左右堂氣聚融和又曰曲直橫斜金斗口天心十字正喞柴要于墳前回首望而定之看其依稀彷彿似有似無不必泥其形象太眞者爲得之矣穴乜要此二星內外證佐明白分曉始爲正的倘或內外無此二星證佐者卽爲扁花之穴也

九禾氏曰羅紋土宿其說有兩一說俱指穴暈言以微凹之陽暈爲羅紋微凸之陰暈爲土宿一說以穴暈爲羅紋以穴暈上邊之化生腦天輪蓋爲土宿此是以穴暈爲羅紋天輪爲土宿者故曰穴乜要此二星明方可表眞情前總索譚訣則以陽暈爲羅紋陰

暈爲土宿讀二書者宜分別體認不得混濛者也

定饒減分數口鼻訣

凡看口有側口有齊口隨地而出不一例而推之側口者節左右口來得急時饒二分齊口者正氊無煞氣蚌蛤口取一邊氊頭梳腦正氊一邊饒三分山平者毬簷下氊堆口來山高者湊上口內氊深淺以合爲定

詩括

第一教君氊地法師語如何答齊口只憑用正求此訣有來由側口若然生得側其法用饒寬兩邊蝦鬚交得真不解誤凡人更有一般頭梳腦不與時師道其地氊之又不同挨過莫居中出形若然來得

急須要饒其急饒借但取一二分大倒又成凶項平偃仰來得正對

口亦須定熟讀玄文秘訣真白屋出公卿

毬簷尖圓三合大小八字穴法圖訣

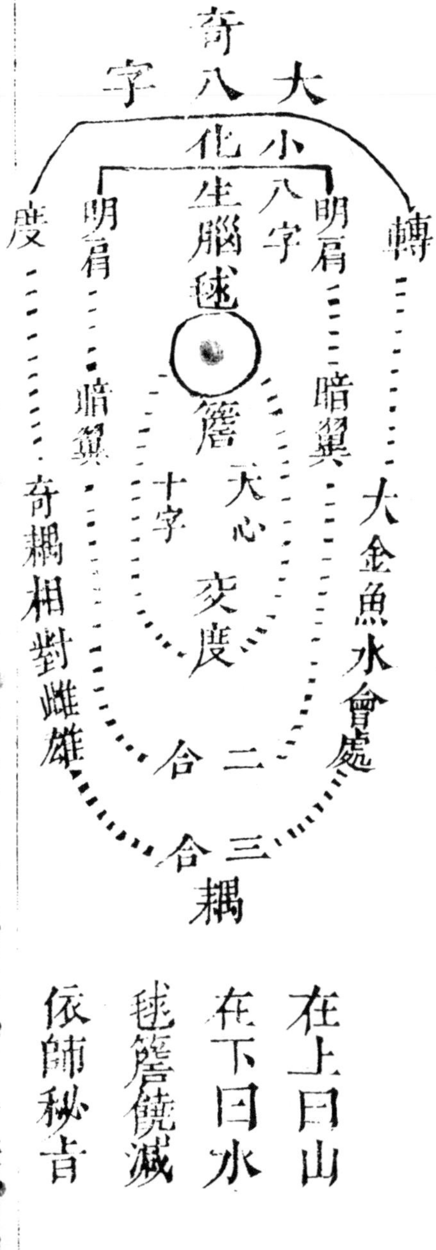

毬簷者滴斷處如毬之圓如簷之滴氣之所聚也尖者下合襟所謂

燈火尾圓者上分所謂化生腦能知此者認穴至當上下二者不可

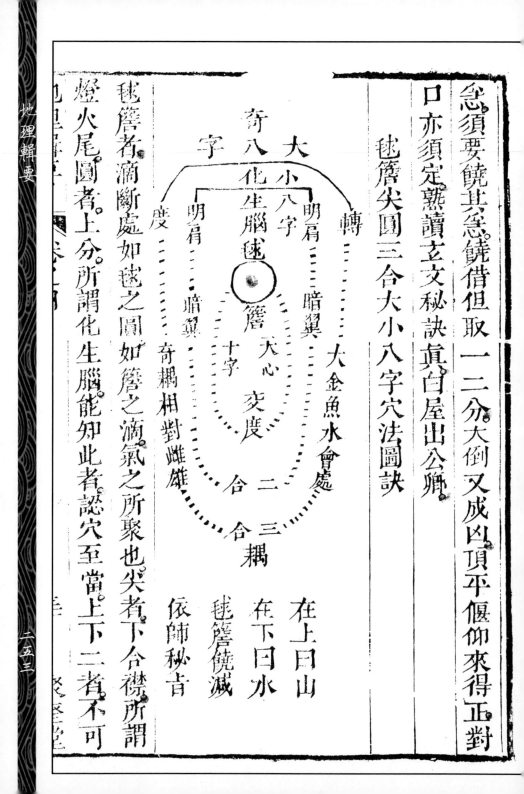

缺一。切要上頭分來下頭合去詳究眞假細辨奇耦所謂通於一萬事畢也古人云鴨公頭上水分作兩邊流認取交登合總向此中求又云前頭折取三龍水後頭認取三龍山其斯之謂與

噓吸論

夫陰者吸而聚也此窩中之突沉而實故曰毬脈必急陽包乎陰陰已吸其氣故用挨法就突下放棺者也陽者噓而散也此突中之窩浮而虛故曰簷脈必緩陰包乎陽陽已噓其氣故用迎法就窩中放棺者也能知此者天地交通陰陽會合非智者不可與言也

詩括

陰陽神水蔭魚腮兩畔相叉疑不開金井不齊錢眼對水紋中正棺頭栽到頭已有雌雄合入首須將順逆排若人會得詩中意九天玄女下凡來。

地理輯要四卷終

地理輯要卷之五　　褀園氏集

撼龍經　　楊筠松著

統論

須彌山是天地骨。中鎮天地爲巨物。如人背脊與項梁。生出數枝龍突兀。四肢分出四世界。南北東西爲四派。西北崆峒數萬程。東入三韓隔杳冥。惟有南龍入中國。胎宗孕祖來奇特。黄河九曲爲大腸。川江屈爲膀胱。分肢劈脉縱横去。氣血勾連逢水住。大爲都邑帝王州。小爲郡縣君公侯。其次偏方爲鎮市。亦有富貴居其地。大率行龍自有真。星峯磊落是龍身。高山須認星峯起。平地龍行别有名。峰以星名取其類。星光下照山成形。龍神二字尋山脈。神是精神龍是質。

天有九星山峰亦有九樣故以天星名山峯辨巒頭觀形察勢看其止聚如屯兵連結彼此相顧有情則精神之象明矣

莫道高山方有龍却來平地失眞踪平地龍從高山發高起星峯低落穴高山既認星峰起平地兩旁看水勢兩水夾處是眞龍枝葉周韋穴若是莫令山反枝葉散山若反兮水散漫外山百里作羅城此是平洋龍局限星峰頓伏落平去外山隔水來相顧平中仰掌似囘窠或有勾夾如旋螺勾夾是窠螺是穴來去明堂聚氣多四旁遮護如城郭水遠山環聚一窩霜降水涸尋不見春夏秋高龍背見此是平洋看龍法過處如絲或如線高水一尺即是龍低土一尺水囘環水纏便是山纏樣纏得眞龍如仰掌窠心掌裏或乳頭端然有穴明

天象水遶山纏在平坡遠有圍山近有河只愛山來抱身體不愛水
返去從他水抱應知山來抱水不抱分山不到莫道高山龍易識行
到平洋失蹤跡藕斷絲連正好尋退卸愈多愈有力高山多下低處
藏四沒神機便尋得祖宗父母數程遥誤得時師皆不識凡到平地
莫問蹤只觀水遶有眞龍念得龍經無眼力萬卷藏眞也是空

看垣局

北辰一星天中尊上相上將居四垣天乙太乙明堂照華蓋三台相
後先此星萬里不得一此龍不許時人識識得之時不用藏留與皇
朝鎮家國　此言紫微垣

垣外看九星訣

請從垣外論九星。北斗星宫係幾名。貪巨武曲并輔弼。祿文廉破地中行。九星人言有三吉。三吉之餘有輔弼。不知星曜定錙銖。禍福之門教君識。

貪狼第一

貪狼頓起笋尖峰。若是斜枝便不同。斜枝側頂爲破面。尖而有脚號乘龍。脚下横拖爲帶劍。文武功名從此辦。横看是頂側是峰。此是貪狼出陣龍。側面成峰身直去。不是爲朝便不住。莫來此處認高峰。道是玄武在其中。亦有高峰起玄武。玄武落處四獸聚。聚處方爲龍聚星。四獸不顧只虛空。或爲關峽似龍形。正身潛在峽中行。時師多向峽中覓。此是真龍斷續情。

貪狼十二變

貪狼星有十二樣。尖圓平直小為上。欹斜側岩倒破空。禍福重輕自不同。倚側似斜斜似側。平似秉龍側似直。橫似巨門倒似空。貪狼最嫌巖與石。間看來此如何觀。莫道貪狼總一般。欹是崩崖破是折。斜是避脊避不同。側是面尖身直去。空是岩穴多玲瓏。倒是飛峰偏是側。七者貪狼凶惡龍。平地卓然頓起筍。此是尖貪本然性。圓無倚側四面同。平若臥蠶在高頂。直如鼠尾上嶺來。小如插筆高峰生。五者方為貪正體。吉凶禍福要詳明。

廉祖出貪上格

聚八廉貞間水土生。出貪狼向前去。看他蹤跡落何方。此龍不是壽帶貴落處須尋一百里中有貪狼小峯起有時迴顧火星宮只因廉貞是祖宗貪狼若非廉作祖爲官亦不至三公三十六峯廉祖土尖嶺貪狼南塔嶺巨門崇嶺五星聚講狀元峯貪狼九子嶺輔星掛公大六府靈谷貪皆結囘龍顧祖穴

鼠尾貪狼

高山頂上平如堂中分細脉如蛇樣貴龍多是穿心出富龍多是旁生上高山如帳後面遮帳裏微微似帶斜帶舞下來如鼠尾此是貪狼上嶺蛇帶舞下來鶴伸頸此是貪狼下嶺蛇上嶺解生朱紫貴下嶺須爲朽腐家

大小剝換

大山剝小小爲貴小山忽大大爲勢高低大小斷續行此是貪狼眞

骨氣大抵九星有種類生子生孫巧相似剝換方知骨氣眞剝換不眞皆不是一剝一換大生小從大剝小最奇異剝換退卸見眞龍小峰依舊貪狼起剝換如人換好衣如蟬退殼蠶退筐或從大山落低小或從高峯落平陽

斷續變化

退卸剝換成幾段十條九條亂了亂中有一條郄是眞若是眞龍斷了斷亂山回抱在面前不許一條出外邊只有眞龍成大內亂山在外郄爲纏此龍多從腰裏落回枝轉折作城郭城郭彎環生捍門門外羅星當水着

廉祖羅關 貪廉作祖結地必有羅關羅火之餘也同氣然耳

羅星要在羅城外此與火星常作對火星龍始有羅星若是羅星不居內居內名為抱養懷又為病眼墮胎山羅星若居羅城口城口皆為玉筍班欲識羅星真妙訣一邊枕水一邊田田中有骨脈相連或為頑石焦土堅此是羅星有餘力卓然為星在水邊貪巨羅星方與尖輔弼武曲圓扁眠祿存廉貞多破碎破軍尖破最為害只有尖圓方扁星此是羅星得正形

貪狼正體

聚龍

帶劍

天梯

巨門第二

巨門尊星性端莊纔離祖宗即高昂星峰自與衆星別不尖不圓其體方高處定爲頊笏樣但是無脚生兩傍如此星峰只一二方崗之下如驅羊方崗或如四角帳帳中有帶旌飛揚飛揚要得穿帳去帳中两角隨身張枝葉不多關峽少亦有護衞隨身防帶旌帶節來擁護旌節之峰多是雙更有刀劔同護送刀劍送後前圓岡離踪斷處多失脈拋梭馬跡絡繹長梭中自有絲不斷蜂腰過處多趨蹌自是此星性尊貴護送此星來龍體每逢跌斷過處時两旁定有衣冠吏衣冠之吏是圓峰两邉有脚衞眞龍若是獨行無護衞定作神祠佛道宮

巨門行體

平行穿珠行數里忽然又作方峰起方峰直去如橋杠背長頗類平
尖貪平尖尖貪狼如一字生在山頂如臥蠶武曲橫從身中出貪狼直
去如僧參夾輔護龍爻第轉眞龍在內左右函此龍佳處無高壠開
生窩穴隱深潭獨在山峽中間去穴落高岡似草菴四圍若高來朝
護前案朝迎亦高舞邪將高穴似人形拔劍端嚴似眞武

巨門尊體少變

此能若行三十里內起方峰止三四峰峯端正方與長不肯倚斜失
尊體峰上忽然生摺痕此與廉貞何以異凡起星辰不許斜更嫌生
腳照他家

巨門作穴花　訣

端峰若作四花穴花穴端嚴要君别眞龍直去向前行四護漫成龍
虎穴此是武曲鉗峽來間氣來此偶生峽此龍誤了幾多人定來此
處說眞形要說四花穿心過但看護衛不曾停

巨門正結

尊星自有尊星體方正爲屏將相位巨門行龍少鬼刧蓋緣兩旁多
羅列水界分處夾龍行不肯單行走空缺水界分處亂生枝枝葉雖
多夾水隨護龍亦自有背面背後如壁面平夷平夷便是貼龍體龍
過之時形怪異不起尖圓卽馬旗攢劍旛龍歸此地護衛纏遶如打
圍重重包裹外山歸至今巨門少關峽護送無容左右離明堂斷定
無斜瀉橫案重重拜舞低平貪覆巨圓武曲尖圓方整不能齊三星

尖圓方整處向此辨別無狐疑識龍須識辨疑處識得眞龍是明師

祿存星第三

祿存土形似頓鼓下生有脚如瓜瓠瓜瓞前頭有好峰此是祿存帶
祿處小圓帶祿圓本身將相公侯出方虎大如蟛蠏小蜘蛛此是祿
存帶煞處煞中若有橫磨劍此是權星先出武

祿存之體兼土金水三氣其氣駁雜故爲凶星然此星能舒展張
勢故三吉行龍亦要祿存作間星以其能分牙布爪開張局勢若

出吉形亦能作地前去再起圓峰本星擁從作帳其勢尊貴主出大將若如蜘蛛螃蟹枝脚尖利帶煞則凶形平者富有如入橫磨劍者主出武職。

大龍大峽百千程寶殿龍樓去無數忽逢此等入長垣萬仞打圍君莫顧癡師偷眼旁睥睨者黙然曾不覩若然尖脚亂如芽與作蚩尤旗爪距大抵星辰嫌破碎不抱本身多作怪端正龍神須無破醜惡龍神多破敗怪形異穴出凶豪殺戮平民終大壞草頭作亂因此山赤族寃誅償命債只因龍上有攙搶賊旗倒仄非旌幢旌幢對匕端正去獨立倚側名攙搶。

帶煞祿存亦出大龍大峽寶殿龍樓至入局處枝脚亂擁星辰破

碎黑石崚嶒主出草寇

頭鼓微方似武曲武曲端正下無足有足周圍真祿存圓淨方爲武曲尊

龍家最要仔細辨疑似亂真分背面背似面非豈有真此是祿存大移轉回處是面凸是背作穴分金過如線凡看星辰看轉移須要轉移毋顛兒枝分派別有真種忽然派蔓無西東十里半程無崗嶺平陽砂磧烟塵迷到處君須看水勢水勢莫問江與溪只要兩源相夾出交鎖外結重匕圍祿存好處落平陽大作方州小鎮縣坪中時復亂石生或起橫山或棱面此處或有輔弼形輔弼無腳祿生腳祿是帝車第二星也主爲文也主兵

此言祿存落坪後轉換剥母兒相顧不脫母氣謂之眞祿存旣到平陽兩水交結多生亂石或起小墩形如梭子與輔弼有別輔弼無脚祿存有脚是也觀乎其坪卽可知是祿存行龍矣大凡星辰有定形其行龍有定勢其結穴有定局所以觀龍可以知穴觀穴可以知龍若觀龍有疑則步前而證諸穴觀穴有疑則步後而證諸龍此明師所以有確見也今人於龍法東之高閣只從局中尋求焉得而不錯哉公於祿存落坪必指出落坪景象生石梭墩種種議論可謂詳矣

九星行龍俱要祿最愛夾貪兼巨輔或從武曲左右起此等貴龍看不足若逢此星遠尋穴莫向高山尋促局若遇九星相夾行只分有

足跡無足。燕雲嶺下出九關。中帶祿存三吉山。高山峽裡多尖秀。也有圓祿生巉巖。君看山須分種類。亂指橫山作正班。祿破二星形無數。也有正形落低處。也有低形上壠頭。雜亂分形君莫悞。形在高嶺爲高形。山頂上生祿存星。形在平陽山卓立。頂緩脚手亦橫行。頂上生形頂必正。平地生形脚亂橫。請君看我細排列。禍祿皆從龍上生。

此言行龍間星夾貪巨。以祿存星作峽開帳。張牙布爪。登匕星峯。其勢雄健。其行必遠。不從山中結假局也。貴賤在龍。三吉間行。祿存亦出端麗之體。但三吉不放手脚。祿存多生手脚。有祿在山頂。有祿在平陽。即一祿存形又不一。禍福皆由於龍也。故爲之細辨于下。

第一祿存如頓鼓脚。手對匕隨身去。平行有脚如劍峰旌節幡幢排次序。此等星辰出大江中有小貪並小巨輔。弼侍從左右生隔岸山河遠相顧。此是神龍作州縣雄據十州並一路。忽然諸山作垣局。更求吉水爲門戶。若得吉水爲門戶。萬水千山不須做。

此祿存從貪巨武出枝脚對匕有情美麗。故結州府。諸山作垣水口關攔。有捍門華表。此大結。萬水千山不須做。正此垣護從耳。

第二祿存如覆釜脚。尖如戟周圍布。有脚方爲真祿存。無脚乃是祿推巨。此星定是有權威。白手成家積巨富。

此祿存形如太陰金星。但有脚周布。若無脚手。便爲祿推巨。主大富丁財。

第三祿存鶴爪布，兩短中長龍出露，出露定爲低小形，隱隱前行忽蹲踞，有穴必生龍虎外，醜陋穴形龍不住，

此祿存形如鶴爪，兩短中長龍虎不抱，常作穴於中枝坦處，穴雖醜陋生，氣確眞明，師扦之，發福極速。

第四祿存觔扇具，脚手又如扛絲勢，此龍只好結神壇，別有星峰生秀氣。

此祿存其身多摺疊破碎，手脚硬直，多作神壇。

第五祿存如懸鶵，破碎箕帚摺無數，此星便是行龍星，星平生枝自頂分，此龍遠去平中作，橈掉回環斬關做，高山大峽開三門。

此星行龍關峽，必至平陽脫，清煞氣方結。

第六祿存落平陽。勢如巨浪横開張。他星亦有落平者。此星平他亦
飛揚。脚擺時復生巨石。石色只是黑與黄。兩旁請看隨龍峽。長短小
大宜消詳。護龍轉時看他落。落處當隨水斟酌。右轉皆右不參差。左
轉皆左無駁雜。朝迎指正眞穴形。左右高低君莫錯。祿存鬼形如披
髮。雖曰衆多勢如掠。

此祿存鋪落平陽。如巨浪横叠。與他星不同。手脚飛揚。巨石黄黑
不失祿體。仍結好地。若横受必有披髮鬼在後

第七祿存如長蛇。左右無護無攔遮。此龍只作貴龍從。枕在水邊自
横斜。時師莫作飛帛看。飛帛潛藏有爪牙。

此假九天飛帛。眞飛帛落在平田。兩畔田高夾護。不受風刼。界水

分明如蛇形。到頭必寬平有正穴。假飛帛本身高。四面低。必受風劫故。不結穴。

第八祿存在高嶺。如戴兜鍪有肩頂漸低漸小去作穴。定有窩鉗極端正。此龍號爲八貴龍。捉穴真時最長盛

若戴兜鍪。亦六府星也。自頂一支直下。若貪狼鼠尾。或乳或窩。作穴極貴。

第九祿存似落花。片片段段水夾砂。不作蛟潭爲鬼穴。定作羅星水口遮。

此祿存圓墩散布。不成垣局。只爲羅星水口。不可與馬跡梅花並論

天下山山有祿存。有吉有凶要君分。莫道祿存全不善。大為將相公侯門。要知五嶽眞龍落。半是祿破相參錯。大行頂上馬耳峰祿存身上貪狼龍。泰山頂上有石觀。上有月亭高一半。此是祿存上有貪。如此星峰孰能判。海中洲渚亦有山。君如論脉應難言。不知他脉連中國。遠出山形在海間。東出青齊為東嶽。過盡平陽大江蹙地絡連延隨勢生。澗水止。龍君莫錯。我觀破祿滿天下。九星分變無識者。君如識得祿存星。重寶連城貴無價。

祿存帶三吉。行龍多作大地。不可輕視。祿是凶星。如不帶三吉。亦為大龍作帳。一變貪則從貪取。若變巨變武變輔。俱結上地。觀龍要識變星應星間星。方可入山看龍。執定死巒頭。那有尋地處。試

看天下山川。變態萬狀。無一峯不兼。少有正體。讀撼龍經必要讀

變星篇方可言看山也。

祿存正體

行體

開口

鶴頭

𠂢[illegible]

帶破

捲簾

飛帛

文曲星第四

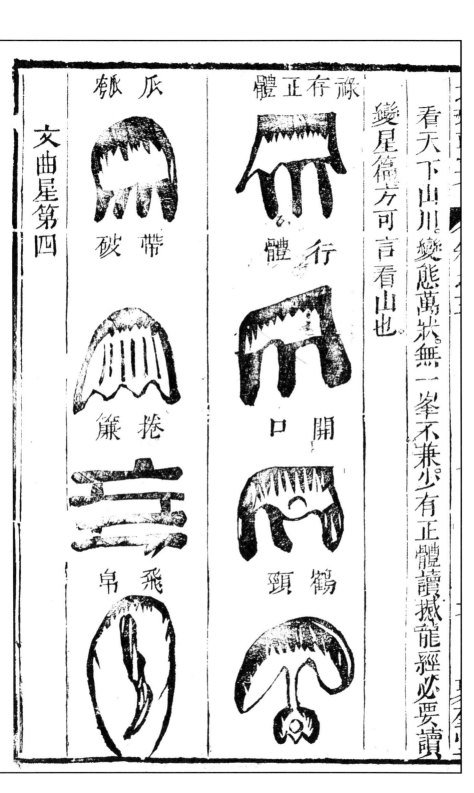

文曲正形蛇行樣若作淫邪如撒網此星柔順最高情形神恰似生鱔樣問君如何生此山定出廉貞絕體上問君如何尋絕體本宮山上敗絕氣問君如何尋本宮寶殿之下初出龍

此星屬水多似蛇行經曰大山之下莫尋蛇恐是山回溜脚斜若能帶木帶金體子母相生穴亦佳一片掃蕩斜飛去無起無頓絕

兼花

認得星峰初出面看是何星細推辨九星皆挾文曲行若無文曲星無變七星便看何星多七者為主分惡善

寶殿下分脈處多出文曲再起峰巒便為應星看是何星再剝再換便為間星到頭結穴多出應星或間星多而行遠者亦從間星

結穴大約子不離母耳。

困龍坪下數十里忽然卓立星峰起左右前後忽逢迎貪巨武輔取次生只得一峯龍便活蛾眉也變輔弼形只是低平少威力若得尊星生一坐便使柔星爲長雄男人端貌取科甲女人主家權勝翁

此段變星之力陽極遇陰則弱變旺。

大抵尋龍少全格雜出星峰多變易弱星似巨輔似文長短高低細辨識莫道凶龍不可栽也有凶龍起家國蓋緣未識間星龍貪中有廉文有弱武有破但間斷生祿存或有巨門力十里之中串一峯小者成大弱成雄此是龍家間星法大頂小伏爲真踪一山便斷爲一代看在何代生間斷便向此星定富貴困弱生旺爲端的困弱之龍

無氣力死鱔烟包入砂礫千里百里無從山獨自單行少枝節君如識得問星龍到處鄉村皆可覓能非長遠少全氣易盛易衰長短異

問星一篇看中地之大者門也上地要論幹龍貴星入格入局大關大峽中地枝中幹或枝中枝或順或逆或橫有峽有帳一重者可科二重者必發甲雖然無帳亦開族丁財得三吉星一個可斷一代富貴有二三吉者則可斷二三代富貴也

文曲星乘最易現每遇旺方生側面側面成峰身直去斜去多如絲雜線此星山骨少星峰若有者案輔弼同平地蛇行最爲吉牛頂蛾眉偃月同若有此星連接去貴作宮嬪后妃職男家因女得官班又有貧財並美色凡起星峰必有情自然連接左右生若是無峰如鱔

様死龍散漫空縱橫。縱饒隹處有形穴。社壇神廟血食腥。若還作墳

并建宅。女插花枝逐客行。男人破家因酒色。女人內亂公訟與變出

瘵癆鬼怪病。令人冷退絕人丁。

此星總宜兼體。不可單行。水性流蕩。故出淫邪。得金爲子援扶體

得木爲子救父榮。得土爲修成堤岸。但火不可遇。然水星行龍遇

土必結何也。土能尅水而不流。水上土下爲逆尅。一尅便成。遇金

即在金堆下。穴有順生之義。遇木從木開口處結。亦是順生。外此

則水星別無有結也。

帶金

帶木

帶土

廉貞第五

廉貞高燄號聚火此星形體最高大絕頂峰巔石嵯峨傘摺犁頭裂絲破只絲尖燄聳天庭其性炎炎得人驚起作龍樓並寶殿貪巨武曲次第生古人深識廉貞體喚作紅旗并曜氣此星威烈屬陽精高燄赤黑峰頭起

此星大幹龍上分枝作祖燄聳天庭龍樓寶殿之下分出貪巨祿文破輔各星前去若作貪巨同顧祖衡可作尋穴貪多則尋乳巨多則尋窩武多則尋鉗此不易之法也

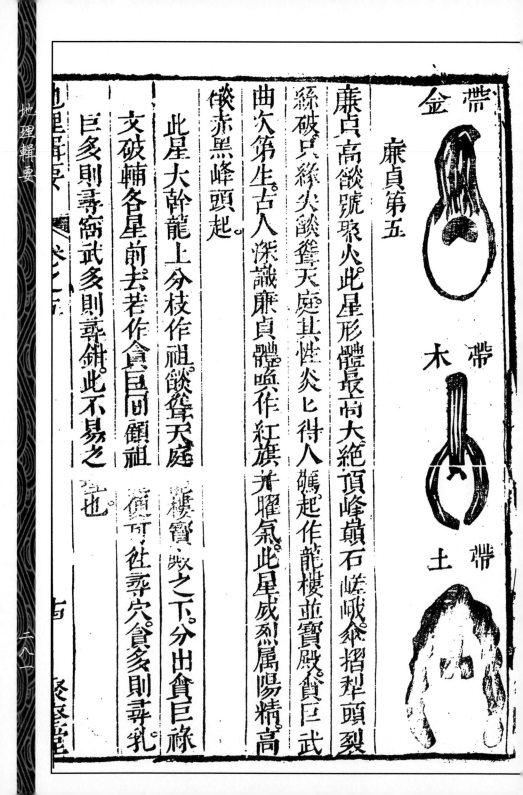

高尖是樓平是殿。請君來此細推辨。亂峰頂上亂石間。此處名為聚
講山。聚講既成即分去。分宗拜祖迢迢。路尋蹤尋跡更尋見龍來此
處最堪疑。却來此處橫生帳。形如帳幕開張樣。一重入帳一重出。四
重五重為巨浪。帳中有線穿心出。帳不穿心不入相。帳幕多兮貴亦
多。一重只是富豪樣。兩帳兩幕是真龍。帳裏貴人最為上。帳中隱隱
仙帶飛帶。帶舞低垂主興旺。天關地軸兩邊迎。異石龜蛇過處往。
龍之貴格。有龍樓寶殿。聚講行講談。天旗聚火諸格。分出貪巨祿
文巨下生貪曰帳下貴人。穿帳渡峽看其陰陽。經曰陽來陰受血
包精。血包精兮乾道成。陰來陽受精包血。精包血兮坤為穴。乾成
乳突是男形。坤成鉗窩陰有別。此是峽中真命脈。識得此情穴易

詩

高山頂上有天池兩邊天漢夾龍腰問君山嶺何生水此是眞龍樓上氣樓殿之上水泉生水還落處兩邊迎直龍郝在池中過也有單池在旁生單池終不及雙池池若傾崩反生禍池中兩水夾又清此處名爲天漢星天漢天潢入閣道此是入相右天庭更有衛龍在高嶺水貼龍身入深井更無水出可追尋或有蒙泉如小鏡

幹龍頂上有天池天漢天潢天井蒙泉皆龍清貴之氣發現有雙池脈從中過有單池在一邊脈從一邊過有大單池脈從水中過皆入閣道之氣節應天河之水在紫微垣故主大貴之龍方有此

看他辭樓并下殿出帳聳秀生何形應星名爲龍少祖此去分枝劈

脈行。祖宗分了分兄弟。來此分貪識眞性。分貪之處莫令差。差謬一
毫千里逈。笋尖貪狼從此出。鐘釜枕稜武輔獨。方峰是爲巨門程。最
要能辨嫡庶。行。嫡庶不失出帳體。便是龍家眞吉星。
樓殿之下分枝衆多各起一星爲應星是貪是巨是武爲三吉。蒯
途結穴。仍出應星或貪巨武來便是子不離母。中枝爲嫡兩旁爲
庶中。得出帳貴氣。所重在幹也
廉貞惡石衆所畏不曉陰陽火裡精。此龍多向南方落。北上衆山驚
錯愕。低頭斂衽出朝來。莫向他方妄參錯。凡是星峰多有石。若是土
山全無力。廉貞獨火氣衝天。石骨崚嶒不處沒。
廉貞稜々 正氣獨火之精陽氣極盛若太陽光焰海宇萬物資生

之本。故為祖龍極貴。石乃山骨。無石則氣薄。不能大卓。立亦不威嚴。但廉貞作祖龍極貴。遠離祖結。或遠見龍領祖結為佳。近則崚嶒帶煞主凶。

廉貞不生吉星峰。定隔江河作應龍朝迎。必應數百里遠望鼓角報鼕鼕。

廉貞之下不出吉山。必作他山朝對。作祖則為龍樓寶殿。作朝便為鼓角梅花。

凡見廉貞高聳石。便向嶺頭看遠跡。細看其龍此處生。華蓋穿心正龍出。此星最貴難尋覓。三吉要從華蓋出。此等眞龍不易逢。華蓋三峰品字立。兩肩分作兩護龍。此是兄弟同祖宗。兄弟便為纏護龍。前

迎後送生雌雄雌若爲龍雄相應雄若爲龍雌聽命問君如何辨雌雄高低肥瘠瘦不同低肥爲雌雄高瘠只求此處識眞踪

廉貞祖龍分出華蓋三台出帳入帳兩邊護衛前行或雌爲中枝雄從兩邊夾護現出貪巨武輔顧祖朝宗逆勢當潮開陽大結取龍上來水八堂羅星華表捍門天雄諸星作水口天乙太乙爲護穴此乃王侯宰相世代公侯之地也非登廉貞絕頂觀勢斷難識其眞踪此龍常離祖五七十里方結

眞龍身上有正峰時作星峰拜祖宗但看護送似龍蟠又有迎龍如虎踞隨龍山水皆朝揖狐疑來此失眞踪水口重重生異石定有羅星當水立羅星外面有三關上生下生細尋覓蓋緣羅星有眞假眞

假天然非假借羅星傍水便生石。羅星端正最高職廉貞多生頑祖龍祖山遠〻是朝宗更有鬼脚回護處護送須生十數重送龍之山短在後抱山不抱左右手。纏龍纏過龍虎前。三重五重福延綿纏多不許外山走那堪長遠作水口。護龍托龍若十全富貴雙全眞罕有。尋龍千萬看纏山。一重纏是一重關〻門若有百重鎖定有王侯居此間。

回龍之穴護纏之山。必一邊縮。一邊長抱縮處開陽。作回龍堂局。方能朝祖。一邊長抱在後。轉至水口作關攔。故曰關門若有百重鎖。定有王侯居此間也

廉貞巳具貪狼內。更述此篇為詳載。有人曉得紅旗星。遠有威權近

凶怪權星斬斫得自由。不統兵權不肯休。若遇廉貞不起石。腳下也
須生石壁。石壁是背面是平。平處尋龍出蹤跡。貪巨武輔次第行出
身生處是眞星。剝龍換骨若九段。此是公侯將相庭。紅旗氣燄威靈
在。愚妄時師駭妖怪。權星威福得自專。縱入文曲亦武拜。廉貞一變
貪巨武文武全才登宰輔。廉貞不作變換星。子身亂倫弑君父。

廉貞龍樓

寶殿

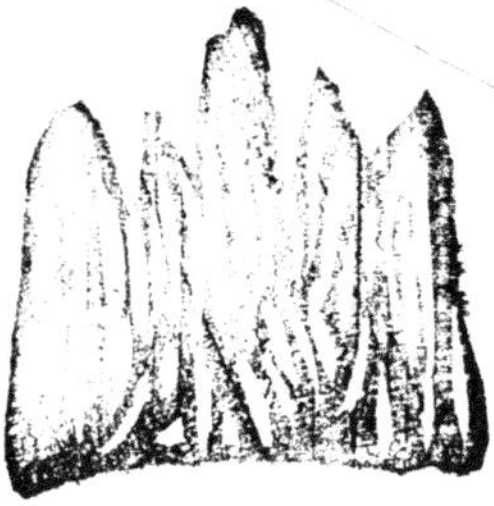

狀元筆

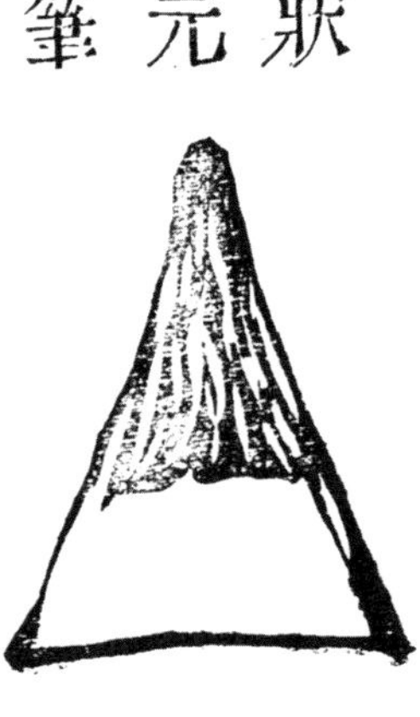

武曲第八

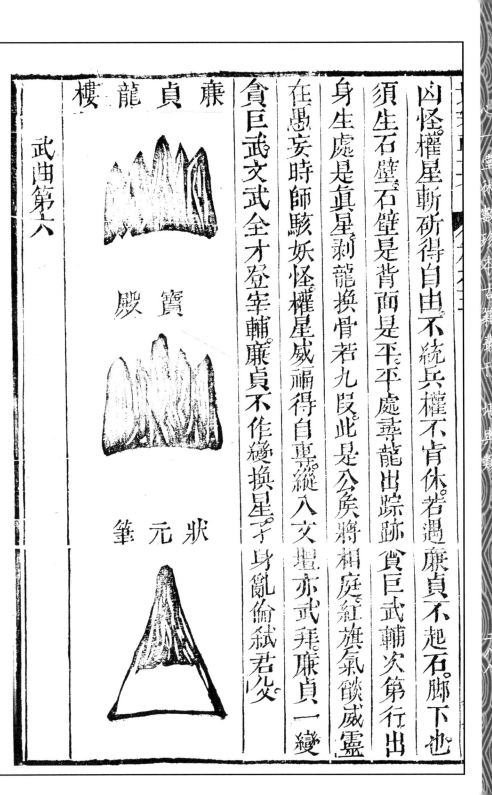

武曲星峰覆鍾釜鍾釜之形有何故鍾高釜矮事不同高即為武矮
為輔二者雖然皆吉星大小不容有差互武曲端嚴富貴牢輔弼隨
龍厚薄取真龍若行五六程臨落之時剥輔星如梭如印如蛾月三
三兩兩牽連行前關後峽相引從峽若多時龍猛勇剥到輔星三五
重仔細來此認真踪貪巨若無輔弼落高嶺如何佳得龍雖然輔弼
是入穴作穴隨形又不同穴隨主峰作鉗乳形神大小隨龍宗
武曲是金帶水有聯珠三腦覆鍾覆釜高而端嚴者武曲低小者
左輔武曲尊貴左輔常作護端但五星結穴必出輔星方結至穴
上窩鉗乳突皆隨龍認不以輔星為穴也
問君如何知我落看他尾後圓峰作問君如何知我行尾星搖動不

會停前官後鬼須細辨鬼尅我身居後面官星尅我在前朝此是龍家官鬼現真龍落處陰陽亂五行官鬼無相戰水龍剋到火龍出鬼在後頭官出面坎山來龍作午丁却把地羅差使轉此是陰陽雜氣行且從龍上看分勝龍奪脈時是鬼氣鬼氣不歸龍尚行

此言作穴處須看前官後鬼

大抵正龍無鬼山有鬼不出半里間横龍出穴必有鬼送跳翻身穴後環鬼星若長奪我氣鬼短貼身如抱攔問君如何謂之鬼主山背後撐着是分枝劈脈不回頭奪我正身少全氣真龍穴後如有鬼山短枝多爲雉尾此是真龍穴後壓星辰亦有尖圓體正龍穴後若有鬼雙匕回頭來護衛若不回頭衛本身此是空亾歇滅地問君如何

是坐以穴後捲坐仰尾勢便從鬼上細尋覓鬼山星峰少取拾眞龍
身上護衛多山山有情來拱把護衛貼身不敢離中有泉池暗流入
要識眞龍鬼山短緣有纏龍在後段既有纏龍貼護身不許鬼山亂
散漫鬼山直去投江河此龍纏氣散亂多如戈如矛亂走去包裹無
由奈他何
龍若無纏又無送縱有眞龍不堪用護纏多愛到穴前三重五重福
綿延一重護衛一代富護衛十里宰相地兩重亦作典專城一重只
出承簿尉
鬼山亦自有眞形形隨三吉輔弼生九星皆有鬼星樣不類本星不
成形破軍鬼星必尖小武曲鬼星枝葉多已少圓峰覆杓形撐住在

後最爲妙。巨門墜落玉枕形。令作天梯背後生。一層一級漸低小。雖然有脚無橫行。巨門多爲小帳蓋。托後如屏玉几正。鄉星作鬼如圍屏。或從龍尾後橫生。橫生爪趾抱穴後。金斗玉印蟠龍形。輔星多爲獨節鬼三對。平如寫王字。三對兩對相並行。曲轉護身皆有意。廉文破祿總是鬼。不必問他穴後尾

直來橫受須看鬼。回龍顧祖要樂山。

破祿文廉多作關。近關大闊爲散關。巳門是局有大小。破祿三星多外攔。祿星無祿作神壇。破軍不破爲近關。善看大地論關局。關局大小水口山。

每到一方。若見關攔水口。大者華表獅象。小則龜蛇。

鬼山多向橫龍作。正龍多是平地落。平地勢如蜈蚣行。脚長便是撓掉形。停掉向前穴即近。發掉向後龍未停。撓掉向後忽峰起。定識真龍居此地。只看護托回轉時。朝揖在前拜真氣。

大抵九星皆有鬼。相類相如各有四。四九三十六鬼形。識鬼便是識真精。問君如何謂之官。朝山背後逆拖山。此是朝山有餘氣。與我穴後鬼一般。官星在前鬼在後。官要回頭鬼要就。官不回頭鬼不就。只是虛抱無落首。龍虎背後有衣裙。此是闌攔拜舞袖。雖然有袖穴不見官不離鄉任何受。

真龍聚處看明堂。明堂裏面要平洋。明堂裏面停潴水。第一寬平始為貴。側裂傾摧撞射身。急瀉崩騰非吉地。請君未斷左右山。先向明

堂觀水勢明堂亦有如鍋底。橫號仚船龍虎裡。直號天心曲御堦馬
蹄直分有曲勢。明堂要似蓮花心。滿歸左位長公起。盪歸右位小公
興。若君中心諸位貴。大抵明堂橫爲妙。其次之立關鎖是蕩蕩直去
不回頭。便似御堦非吉地。明堂要如衣領會。左紐右扣方爲貴。或是
田壠有山腳。如此關攔眞可喜。忽然面前無關鎖。人劫風吹非吉利。
請君來此細消詳。更分前官竝後鬼。左肩生來揞笏樣。右脇生來金
魚袋。方長爲象短爲木。小巧是金肥是銀。看此樣形臨局勢。中間乳
穴是爲眞。
賜帶皃形如瓜瓠。二條連後左轉去。回頭貼身侍從官。前案橫交金
玉盤。玉盤盤賜將金盤相。左右在人心眼上。重數如多賜亦多。一重末

許金犀帶。二重是犀三金帶橫轉穴前官轉大。子孫三代垂金魚。右上三魚虎身外三代子孫賜金帶三重橫盤龍外生四重向是賜金玉。重數如多富最深。此是龍家賜帶鬼。莫將龍向左右臨。玉几方屏武曲形身後是几几外屏。几屏須要問先後。未有屏先几後生。几屏如在後面托。此是公侯將相庭。

武曲正體

玉枕大饅頭

變體

飛鳳

金釵

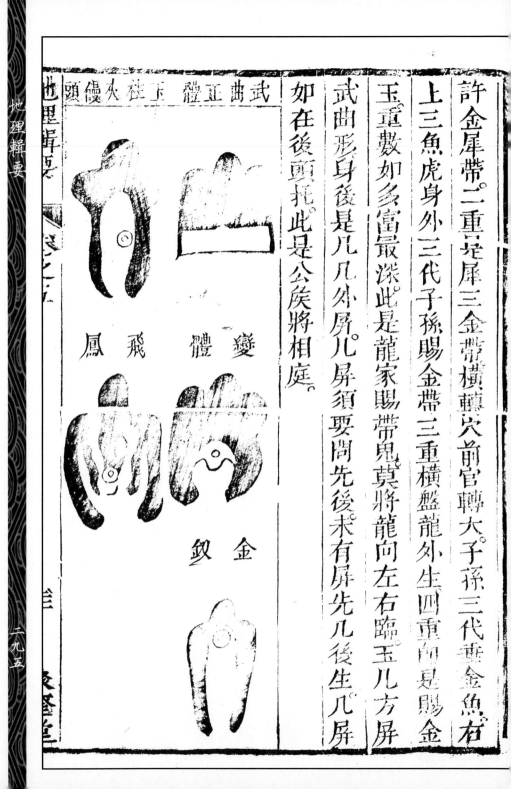

破軍第七

破軍星峰如走旗前頭高卓尾後低。兩旁尖險落坑陷壁立反裂形傾倚。不知此星出六府。上有三台遠爲祖然後生出六曜星。貪巨祿文廉武輔三台星辰號三階。六星两两魚眼挨雙尖雙圓如貪巨。却在絶頂雙安排雙尖定出貪狼去。雙圓生出武曲來。上台中台下台出。行到六府文昌臺。文昌六府如偃月。穿星六府似環玦平頂上頭生此星。平處微堆作凹凸凹中微起似六星生出九星若排列

破軍常作祖龍。上生六府三台。細看從何分出得三吉出脈者貴得六凶出脈者凶。登高尋龍可知前[illegible]受貴氣者貴受凶氣者凶

勿以破軍盡爲凶星也。要看變星應星間星。遥望應間落在何方。

變成何星覓之可也

破軍皆受九星變遂位生峰形象現山形在地星在天眞氣交感禍福驗尊星頓起見眞形枝葉皆是祿存占尊星雖云有三吉三吉之餘有輔弼不知三吉不常生百處觀來無一實益緣不識破軍星只說走旗拖尾出走旗拖尾是眞形若出尊星形變生與君細論破軍

變貪則從貪變巨則從巨變武則從武變輔弼則從輔弼隨變隨體逐一隨星種類分

應無在不可結也特大小不同耳

貪狼破軍如頓起一層一級名天梯頂尖銜前有岩穴仰頭猶如雞作啼頂頭有帶下岩去引到平處如蛛絲欲斷不斷馬跡過東西者

影梭中系三吉之星總如此此處名為吉破地過坪過水皆如是定
有泉塘两夾隨貪下破軍巨門去去後垣局不須疑此處公侯應無
數

破軍變貪為一格不是巨眼誰認得作州作府作鄉村變出巨門
貴無敵崩洪渡水過田疇若非破祿力難過關峽重匕多破祿凶
星有變福更悠

巨門破軍裂十字頂上做圓倚側取勢如啄木上高枝直上高崖石
嘴露此星出龍生鼎足爪甲巉岩若雞距去結富貴與王侯五換六
移出宰輔

破變巨門十字屏帶石露爪有威名安邦武庫三軍帥文掌兵權

鎮過庭。

祿存破軍在平頂兩脇蛇行肋微露前如大木倒平洋生榦生枝葉無數葉中生出嫩枝條叉作高峰下平地當知爲穴去不遠護送不來作神宇。

巨門破軍頂平橫身聳兩邉摺縐生坪上帶祿小金露兩脚分枝若蛇行再起小金爲帶祿定有異穴此中生。

武曲破軍如廚櫃身形臃脹崩岩勢前頭走出雞伸頸嶺上下來如象鼻。一高一下脚不尖作穴乳頭出富貴。

廚櫃破軍帶巨門中有堦橫門自封就堦立穴坐鎖鑰逆水當潮富石崇。

破帶廉貞高崔巍。水流關峽聲如雷。老幹崚嶒爲龍祖。脫盡破廉尋落梅。

落梅平地墩兼石。片片段々散中聚。就低得土梅花心。閃煞藏躲淺草隈。

輔星破軍如幞頭。兩旁有脚如拋毬。莫向毬中尋正落。前尋美局可兜收。

破變輔星幞頭樣。前有兜收氣不蕩。挂燈穴上好安坟。管教下後兒孫旺。

弼星破軍如鯉躍。行到平中堆缶作。三三兩々平中行。直出身來横布脚。爲神爲廟爲富貴。只看纏護細斟酌。纏多便是富貴龍。纏少只爲鍾鼓閣。

九星皆有破祿文。三吉之形輔弼尊。平行穿珠巨門祿。攔江拜尖拖是破軍吉星之下無不吉。凶星之下凶所存。況是凶龍不爲穴。只是閑行過龍形。縱然有穴必是假。〻穴如何保久存。時師到此尋龍脉。來此峽中空低。蹲便指纏護爲眞。氣或有遠秀出他村便說朝山朝水好。下了凶事不離門。只緣不識眞龍出前面必出星辰尊。〻星活了死龍骨。換了破軍廉祿文。破軍忽然横開帳。〻裡戈旗出生旺。此龍出作將軍形。前遇溪流爲甲杖。

天下九星無正形。凶星間得有吉星。凶星作帳吉爲體。禍福全在間星取。吉多變凶〻成吉。凶多變吉〻成凶。總之看變與看應。吉凶全在換星定。

破祿形象最爲多枝蔓懸延氣少和。不爲尖刀即劍戟不作蛇行即擲梭。出逢六秀方位上。上與六氣横天河。六氣變而生六秀。凶星到此亦消磨。凶星消磨生吉氣。定有星如巨浪波。此是神仙絶妙法。不比尋常格地羅。

總言應問之妙用也。

與君畧舉大形勢。舉曰一望皆江河。天下江山幾萬重我見破祿到處是祿存文曲輔弼星。低。小山形總相類。只有高山氣象殊。畧舉大綱與君議。崑崙山脚出闐顏。隻隻脚是破軍山連綿走出瀚海北風俗強悍人麄頑。生兒三歲學騎射骨鯁剛方是此山。山東隴右尖如

削盡是狼峰更高卓此處如何不出支只爲峰多反成濁高山大隴
峯多尖不似平原一錐卓行匕退卸大散關首二山河在此間大纒
大護到函谷水出黃河如關環低平漸匕出熊耳萬里平洋低且寬
大梁形勢亦無山到是尋龍着實難若無江流與淮水渺匕茫匕不
見山河流衝决斷復絶又無石骨又無脈君若到此說星辰一句不
容三寸舌黃河在北大江南两水夾行氣不絶行到背脊忽起峯巒
州東嶽插天雄分枝劈脈鍾靈氣聖賢多在魯邦中自古英雄出西
北西北龍神少人識紫微垣局太微宮天市天苑太行東南龍高枝
過總嶺黑鐵二山雪峯盛分及秦川及漢川五嶺分星入桂連山行
有斷脈不斷直至江陰大海邊海門旺氣連閩越南水两夾相交纒

此是海門南脈絡。貪財文武相交錯。何處是貪何處文。何處便總武曲尊。尋龍望氣先尋脈。雲霧多生是龍脊。春夏之間與二分。夜望雲霓生處覓。雲霓先生絶高頂。此是龍樓寶殿頂。大春繚繚雲中生。雲霧氣多時反難覓。先多霧氣識正龍。却是枝龍觀遠應。此是神仙尋龍法。百里羅城不為遠。知此然後論九星。要識九星觀正形。因就正龍行腳處。認取破祿中間行。

此論破祿為天下龍神起伏分布。因言破而及祿。

天下山山有破祿。破祿交橫為地軸。祿存無祿只為關。破軍不破只為闌。闌關闌之山作水口。必有羅星在此間。大河之中有砥柱。四川之口生灔澦。犬姑小姑彭蠡前。採石金山作門戶。更有焦山羅刹石。雖是羅星門不固此是大尋羅星法識者使知愚者惧吾今論及破軍星多是引龍兼作護大龍須要大破軍小龍夾亂破祿文廉貞多是作龍祖輔弼隨龍富貴生廉貞孤獨龍不出只是為應兼為門請君看此州縣門何處不生水口山水口關閘皆破祿無腳交牙似壘環或有橫山如臥虎或作重重如瓜瓠禹鑿龍門透大河便是當年大關處大行走出河中府河北河南關兩所大河北來回射東西山作帳如眠龍馬耳山枕大江口絕無腳手為神妙靈璧山來截淮河更無一腳如橫過海門二山鎖二浙兩山相合如環玦文廉生腳鎖鑰流橫在水中為兩截大關大鎖數千里定有羅星橫截水截住長江不許流關住不知多小地小羅小鎖及小關一州一縣各有關十關

十鎖百十里。定有王侯居此間。鄉落羅星小關鎖。桃水如戈石橫臥。但看無腳是關闌。重數多少分將佐。君如能識水中山。便識天戈並祿破。

此論破與祿為天下龍神關鎖門戶。而並指出羅星以示人。

破軍正體

貪狼破軍

巨門破軍

祿存破軍

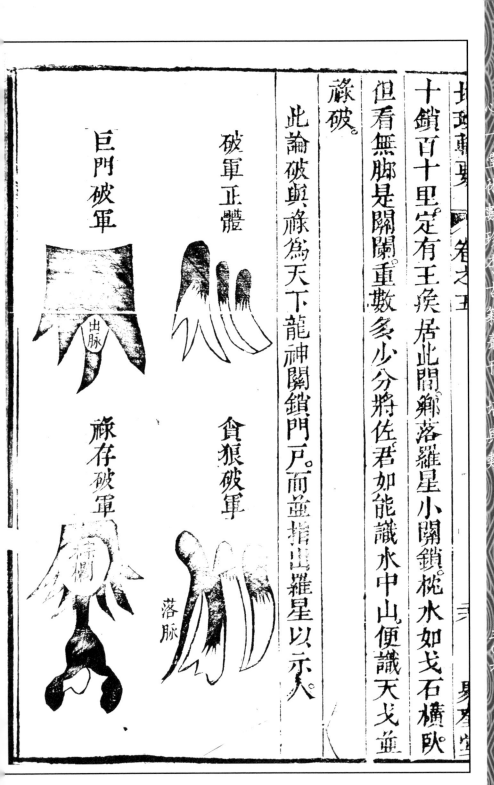

廉貞破軍

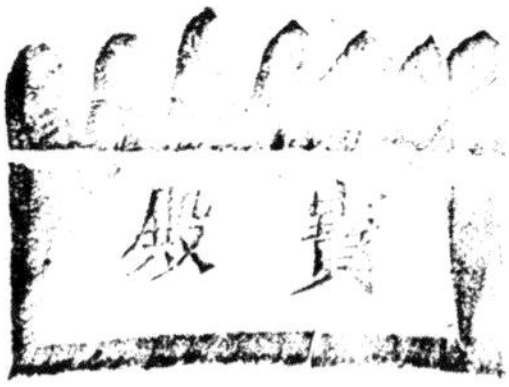

武曲破軍

左輔破軍

右弼破軍

右輔第八

左輔正形如幞頭。前高後低大小毬。伸舒腰長如杖鼓。後大前小蛇峰俸。下有两脚平行去。或在武曲左右遊。此龍如何近武曲。自是分宗爲伯叔分。宗定作兩貴龍。此與他星事不同。武曲两旁必生輔不

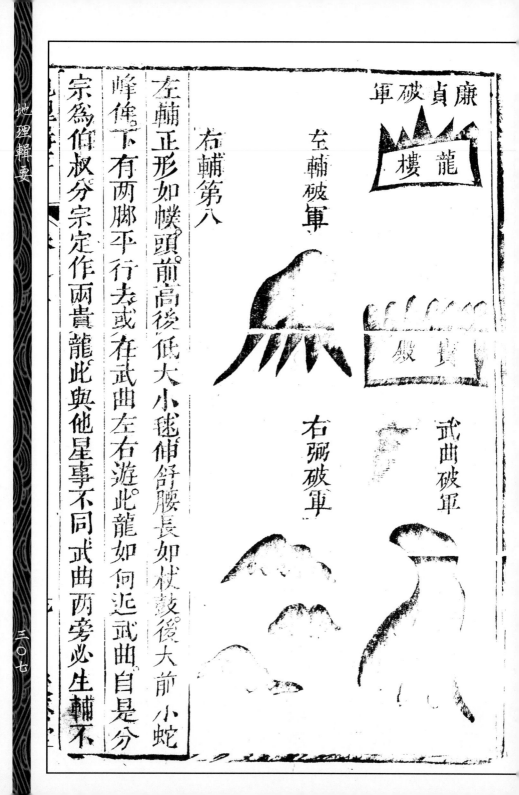

似他星變形去。若是真輔不如此。真龍自作貫龍體。左輔自有左輔
形。方峯之下如卓斧。幞頭橫脚高低去。高頂高峯圓肩是忽然擁起
如螺卵。又如犁栗堆簇簇。嶺上壘〻山結頂。斷定前頭深入垣。
輔星原是貴龍輔。枝鼓幞頭形相似。遠看恍如展誥峯。但是頭高
頭低護。
要知此星名侍衛。入到垣中最為貴。東華西華門水橫。水外四圍列
峯位。此星垣前執法星。却分左輔為兵衛。方正之垣號太微。垣有四
門號天市。紫微垣外前後門。華蓋三台前後衛。中有小水名御溝。抱
城屈曲中間流。紫微垣內星辰足。天市太微必全局。朝迎未必皆真
形。朝海拱辰勢如簇。千山萬水皆入朝。入到懷中九回曲。入垣輔弼

形微細隱隱微〻在平地。右衛左衛星傍羅輔在垣中為近侍

右弼一星本無形是以名為隱曜星隨龍剝換隱跡去脈吞便為隱曜行只緣飛宮有九曜因此強名右弼星。

右弼無星峰每過峽穿田渡水蜂腰馬跡蛛絲便是。

天下尋輔知幾處河北河南只三四更有終南太華龍出沒為垣盡如此南來莫錯認南岳雖有弼星垣氣弱邪有囘龍輔大江水口三峯卓如削北龍俗云多輔星又隨塞垣入砂漠兩京嵩山最難尋巳被前人曾妄作東西垣局並長江中有黃河入水長後山屏帳如負扆下瞰秦淮枕水鄉輔弼隱曜入大梁邪是英雄古戰場大河九曲曲中有輔弼九曲分入首夫人識得左輔星識得之時莫開口。

如何識得左輔星。次第生峰無亂行。天門上頭生寶殿。寶殿引出龍樓橫。樓上千萬尋池水。水是真龍樓上氣。兩池夾出龍脊高。池中崩傾非大地。此中實是輔弼星。只分有跡與無形。有形便是真左輔。無跡便是隱曜星。縱然不大也節鉞。巨浪重重不堪說。巨浪有帳帳有扛。扛曲星峰巧如玦。扛星便是華蓋行。曲處星峰只作證。證出貪巨祿文廉武破。周而復始定天門。指定破軍路。此是天門龍出序。若出天門是正龍。不出天門形不真。一形不具便減力。次第排來君莫悞。自貪至破爲次第。顛倒亂行龍失序。一剝一換尋斷處。斷處兩旁生擁護。旗幡行有蓋天旗。旗似破軍或斜去。看他橫行如巨浪。浪滾一峰名出帳。帳中過去中央行。不出中央不入垣。垣形備具入垣行。怪怪奇奇入天象。

我到京師驗前說。帝垣果有星羅列。南北微短東西長。東華水繞西華關。水從關口復來朝。九曲九回朝帝闕。聖人卜宅分陰陽。北岡峙立天門上。分作長垣在兩旁。垣上兩邊分九個。兩垣夾帝中央坐。要識垣中有帝星。星都坐定甚分明。君如要識左輔宿。凡入皇都辨垣局。疊疊圍遶八九重。九重之外又重復。重山複嶺看輔星。高山頂上幞頭樣。截住恰如千官立。戴弁橫班如覆笠。仔細觀來真不同。應是為垣皆富貴。

輔為上相弼次相。破祿宿衛廉次將。文曲分明是后宮。武曲貪狼帝星樣。更有巨門最尊貴。與作極星事非誑。三垣各有垣內星。凡有星

峯皆內向垣星本不許人知。若不明言恐世迷。只到京師君便識。重
重外衛內垣平。此龍不許時人識。留與皇家鎮邦國。請從九曜尋換
龍剝盡粗龍尋細跡。
要識眞龍眞輔相。只看高低幞頭樣。若是輔星自作龍。隱行不失眞
氣象。若還三吉去作龍。隨龍變換却不同。貪狼多尖品字立。武巨圓
方三個峯。三峯節節隨身轉。中有一峰是正面。兩旁夾者是輔星大
小尖圓君要辨。此龍初發在高山。高處生峰亦生辦。肩辦須明似幞
頭。滾滾低來似輥毬。平行鯉鯽露背脊。有脚橫排如覆笠。若是降樓
並下殿。節節辭樓下剝換。貪下側換如拋毬。尖處帶脚如泉浮。此是
下嶺方如此。上嶺逆行推覆舟。尖圓若是品字立。世人誤作三台求。

祿存側換蜈蚣節。微微短脚身邊立。文曲梭中帶線行。曲曲飛梭草內藏。廉下變爲梳齒形。梳齒中央引龍出。武曲幞頭如皎換。行到平中斷復斷。破軍之下夾兩搶。若作天戈如走電。亂行失序出頭來。又似虎狼帶箭行。纏多便作吉龍看。若是無纏爲道傍。

圖具下

左輔正體

左輔祿存

左輔變體

左輔帶弼

左輔駁體

左輔帶文曲

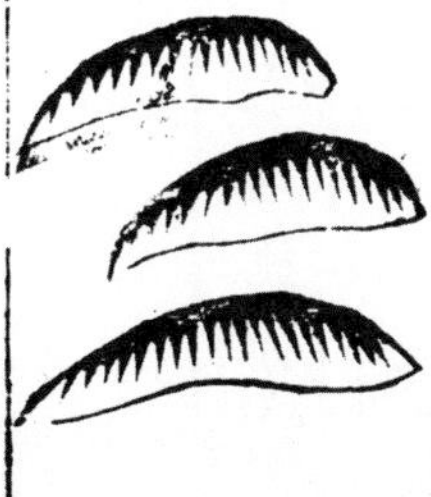

右弼第九

弼星本來無正形形隨八曜肩低生要識弼星正形處只星斷處隱藏行隱藏過脈爲隱曜此是弼星最要妙拋梭馬跡線如絲蜘蛛過水上灘魚鱉蛇入草失行跡斷脈斷脊尋來無脈峽祿爲右弼星左右隨龍身上行行龍兩旁有輔弼變換隨龍看跡蹤若如不識右弼星尋到垣中多失跡剩龍失脈失跡時地上朱絃琴背覓若識弼星隱曜宮處已觀來皆是吉此星多吉少傍凶蓋爲藏形本無實體

行龍過峽天池穿田渡水馬跡蛛絲鋪氈捲蓆浪湧平峽皆是弼藏形之時煞氣藏却是地中暗來脈此地平洋千百程不知彼處却

是彌坪中還有水泥坡高水一寸卽是阿只爲時師眼力淺到彼茫
然無奈何便云無處尋踪跡直到有山方認得如此之人豈可談有
穴在坪原自失只來山上覓龍虎又要乳頭始云吉不知山窮落坪
去穴在坪中貴無敵痴師誤了幾多人又道楚埋異草濕不知穴在
夏漲中更是難憑怕泉濕益緣春漲在水中水退卽同乾燥力且如
兩淮平似掌也有州軍落巢湮也有英雄在彼中豈無墳墓與宮室
只看水注與水流兩水夾流是龍脊
非但彌曜在其中八曜入坪皆有縱前篇有時說平處平裏貪狼一
樣同若能識得真龍脈方知富貴血豐隆

九星變穴歌

貪狼作穴生乳頭。巨門作穴窩中求。武曲作穴釵頭覓。祿存梳齒犁鏵頭。文曲穴來坪裏作。高處亦是掌心落。破軍作穴似戈矛。兩旁左右手皆收。定有兩山爲護衛。不然一水過横流。輔星正穴燕窠仰。若在高山掛燈形。落在低平是雞巢。縱有圓頭亦凹象。此是剝換尋星穴。尋穴隨龍細辨别。龍若真兮穴亦真。龍不真兮少真穴。

識得龍。即識得穴。看地切要在辨星體。

尋龍不易。裁穴難。只爲時師昧剝山。剝龍換骨星變易。識得疑龍穴不難。古人望龍知正穴。盖將失龍尋換節。識得龍家换骨星。富貴合人無休歇。

獨有廉貞作祖宗。龍樓鳳閣插雲中。剝到貪巨破祿體。時〻回顧火星宮或變破軍似走旗也必令字也當知令字土金兼有水側面高崗穴可宜田中也有犁火角此是火星龍氣落到頭結束必平田開口之時方可作大段正體穴無奇九星變亂穴當知再將疑龍詳較閱楊公盡此洩天機

七星歌

貪狼一木勢直長鬼星秀麗足文章或然丫角野丫起明經魁選細推詳七峰八峯齊落去龍圖學士主文壇左穿右剃刻筆陣行龍旌節如旗槍其間定有仙靈應或然世代生侯王若作天馬騰躍起富須萬斛盈千箱若作芽笋攢地面文武官顯居朝堂不惟富貴馳聲譽更兼福祿壽而昌

巨門之星號一土卓圭卓笏高千尋定主兵權富韜略登壇既拜外國欽崚嶒高聳立屏帳文章秀發稱儒林簇簇樓臺高且壯危岩古怪當天地此地塟之勿猶豫世代榮貴輝古今頂似方冠清且巧三五相連羅碧岑子孫聰明復秀麗芝蘭庭砌何森森

武曲金水少人知端正秀麗如蛾眉有時覆月出天外有時隱隱生平夷挺生秀偉事明主忠良正直似皐夔懸鐘擂鼓高聳起富貴文名聲價美牛奔象舞勢勇猛授鉞閫外無復疑忽然疊七凌空碧小更艮兮高更亦斯地勿論富與貴神仙出世同安期肥厚遠長子孫衆勢若短小多虧盈

祿存一土君切忌醜惡崩欹不靈利高峰孤起若撚拳低山卑濕如

牛鼻或若棺材隨流水或若死屍卧平地自然斷缺不足看疾病顛狂遭剮刈兒孫傭懶走他州淫慾奸盜總連累

此不帶祿之祿存也乃為凶星若能祿內有三吉間星仍結吉穴不可因此篇將祿存盡去也

文曲一水何孤單生枝生足如蜒蚰亂花並壠不接續三三五五飛翩翩也似驚蛇初出草也如鵝頸枕流泉坑溪反背無收拾縱然收拾還彎拳此地葬之主遊蕩男不忠兮女不賢若得金木來相救吉星從吉惡者妍

文曲是水星必兼金木土乃結否則流蕩之體矣

廉貞獨火大凶災高尖醜惡空崔巍生枝發足桃符起首尾分張兩

畔閙形似垛甲勢分列質不淸兮濁似鐵毛髮焦枯氣脉散水燥滯
急殺如雷瘟瘴死盡兼官禍敗國亾家眞可哀只堪作祖生貪巨百
里之外結三台
廉貞星號紅旗星此星萬里有威名遠觀秀美近粗惡龍樓寶殿
祖可作
破軍金火招凶惡山猛陰陽各差錯峯巒突兀亂石祠不然破碎連
基斷也作竹篙馬鞭勢也作兵戈與繩索左崎右險舉頭看入六葫
蘆塊然落明堂傾陷水瀉匕龍虎二山伸直脚若犯此星甚乖張嘗
代見孫見銷鑠破軍不破正作關若斜帶破水口關爲旗爲搶成護
衞縱得吉曜作穴難

輔弼古隨七曜轉。多在明堂左右見。有時肥體蘸淸波。形勢或作闌
圛面。或作龜蛇或似魚游。山連接如絲綫。山厚山肥人多豐。山薄山
走人多賤。須教閉密不通風。莫令大開水流現。
七星變化無窮極。體樣相同人罕識。四維八干十二支。剝換化身百
千億。本自一源分派殊。不得明師述傳述。但將分受細推詳。應龍間
星分惡善。分得凶星凶禍生。分得吉神吉祥見。造化元來指掌間。此
是神仙金針綫。

從應問辨吉凶。妙哉至訣。

雌雄慶會值千金。形穴分明似掌心。更得朝巒并秀水。為官世代衆
人欽。雌雄不會不勞看。任是神龍只是山。下後令人家退落。朝城不

對盡處閑。

雌雄者山水也山爲陰爲雌水爲陽爲雄要交會有情方能孕育。交會無情嫌忌必生何育之有。要使和順其在我以向配之砂銷水納則雌雄自交豈非人可爲之媒也哉

疑龍口訣

乳頭之穴怕風吹。風若入來人絕滅必須低下避風吹莫道低時藏禍絕　鉗穴如釵掛壁隈惟嫌頂上有水來鉗頭不圓多破碎。水傾穴內必生災。

仰掌要在掌心裏左右挨排恐非是窩形須要曲如窩左右不容少偏陂偏陂不可名窠穴倒仄傾摧禍奈何。

五卷終

地理輯要卷之六

樸園氏集

楊公十二倒杖

軟來順去分離縮正落斜飛順逆安偃仰沒穿潛腹裏縱橫鬬截湊腰間更詳犯綴因強弱頓對低昂兩相關

離杖龍強脈急雄脫落鋪氈展席坪離脈就坪中倒杖粘穴藏金壘土墳

縮杖勢短上聚高氣凝百會產英豪放棺湊緊當中接蓋穴天庭縮不饒

順杖迢迢勢軟平透蛇屈曲向中行氣從腦入安棺正順杖仙機妙在迎

逆杖斜來不向中流歸左右側邊逢倚穴斜乘耳受氣架龍架虎始爲功

沒杖體肥脈少陽法有開派取水方濶大開堂中接氣氣從開發最爲良

穿杖勢聳肤不清高雄體大覆鍾金臍凹下穴穿孔入腹中生氣發祥禎

闘杖龍橫腰上停好向腰中撞樂星十字放棺橫受氣仙人闘杖者誰能

截杖體眠氣直行平軟中腰必有停斬穴龍腰騎馬脊細看夾耳與朝迎

上剛下柔對杖求剛柔交處穴堪扠只須對此觀中正眞能中結若騎牛

頭杖上平下頭尖高處須將葢穴扦生氣全乘煞又壓三年五載産英賢

綴杖勁勢直冲來須從脈盡氣中挨半脈半平粘一穴綴杖能教發似雷

犯杖脈緩奪總居若下低平氣便離好向脈根初起處犯毬葢下法相宜

○五星穴訣　細看穴形

第一金星生水脈隨腳斜來側第二金星取微窩下穴有偏頗若逢

金星穴開口量金須用斗孤金飽面主生離縱發不多時兩邊一土
夾一金正穴在窩心若能開口取水穴兒孫富不竭大金更下高金
穴軍賊屠兒絕生逢羅賴上門來長子見悲哀金木換妻并殺子金
水困女离金土閉庫痨肥入金火瞎眼精麗蠢肥金濶匕開龍虎內
中裁須是前有近身案此穴始可判小巧金星僅可穴左右砂須抱
金星露頂現微窩湊撞簷下多又有金星氣下窩不圓粘處掘側面
金星閃角落穴向角邊作金星勢急明堂瀉傍城借向下側而金星
露火脚挨金剪火作要有水窩木脚與火一般同作穴頂金峯若是金星
出土脚點窩傍角泊金星雙水抱身流穴坐正金頭若是金頭兩脚
火高下方爲妥三脚金星腦頭打忌槽深兩邊太陰金星看弦稜開

口穴情眞太陽金星倒地同緩急認來蹤平地金星四面圓砂抱認
唇弦四圍團匕面半仄枕實穴合則若是金星兩脚木就金要灣鬟○
木星下取紫氣穴下穴應時發死鰍死鱔竹篙竄當頭穴眞看佳歸
左右兩邊取登堂要穿土平洋橫取正堂安富貴出高官大木下來
生小木爲官多食祿若出斜仄不爲奇上宿亦低稀木火假官不食
祿木水離鄉曲木金接脚又過房木土顯文章(入魁)木星須要有節苞
節苞木穴道高山木落懸膽樣插木鍬皮垂木星出頂現微窩穴下
看兜羅立木有兜勢落急退下三四尺數里蘆鞭直硬長開口好商
量尺木開口莝曲角砂收用樂杆木星橫直如一字對中是秘處橫
木勢垂閂介安下手莫交寬浮水木星三四此主水要帘中起交枝木

星木兩脚直架折要有力糙藍諸木不盡說大都埜頭節若然鈎帶
就身長節苞更爲良
水星下取曲池穴穴內登堂折鰕鬚氣脉曲池中萬世說仙踪水水
路人離鄉死女必公訟起只緣此水不生金定出婦人淫水金生得
人淸貴水火軍賊起水土離鄉懶病黃水木土爲商水星山上溜匕
見結時露金面凡水泡起皆可塟箴忌如鎗狀平地水星看唇硘砂
摶穴堪觀水星結窩似盤平要淺見弦稜行地水頂似天財唇角可
安排其他水星多不結變體何勞說
惟有火星不可下此是兒龍也火星落穴是神壇瘟火瘧傷殘火星
尖高太師職師巫勢斜仄打刼原來是此星只見石頭尖火木爲官

提刑位火水一代止火金廟社出師人火土貴無倫龍樓鳳閣巨門
程前去定發出三公廉貞聚火遠爲祖職可司此土作穴惟有展旗
形中心見土星火星發動眾堪裁不動不成府火星疊匕降土落端
正蘸唇作燥火倒地出尖來壓煞穴當裁廉貞只好作祖宗鉄定出
三公若是到頭結乳穴福速禍亦抱
土星貴下太陰穴兩角宜裁截土星平洋遶水穴一發人丁絕土星
重匕如頓鼓矮人作州主其家產業轉興隆定出紫衣公土木人家
產英傑土水黃腫絕土金解典武官郎土火發葬常土星結穴看角
邊角圓角用上扦假如兩筒俱齊整窩弦細認審棋盤土星出大富端
正在砂護土星蕩似屠刀様鋒起處可裁凹腦天財穴葬凹背後樂

須高平地土星形若櫃面平而上取土星叠降砂抱角抱圓穴可作
平地土星四角火審局當中做看砂抱護在何邊却就那邊扦三面
出火一面金避火就金針背後發脈兩邊火頂脈中間作假如砂護
在一邊枕實扦上弦莫道火腳便跏跛藏煞亦無禍御屏土星看出
脈登角中心塞重疊土星出木腳棄土就木作平地土星若架木截
木架上掘四而土星上出金要頂金正心尾穴不外五星結一一為
傳說作穴法度少人知變體更蹻蹄木火砂抱嘴直長壓煞穴當扦
圓金曲水方土結便立藏煞穴外雙蕩燥或左右藏煞隨勢就硬直
無堂不可扦閃煞下兩邊陽金冲木難安穴壁立顛門結

先天八卦圖

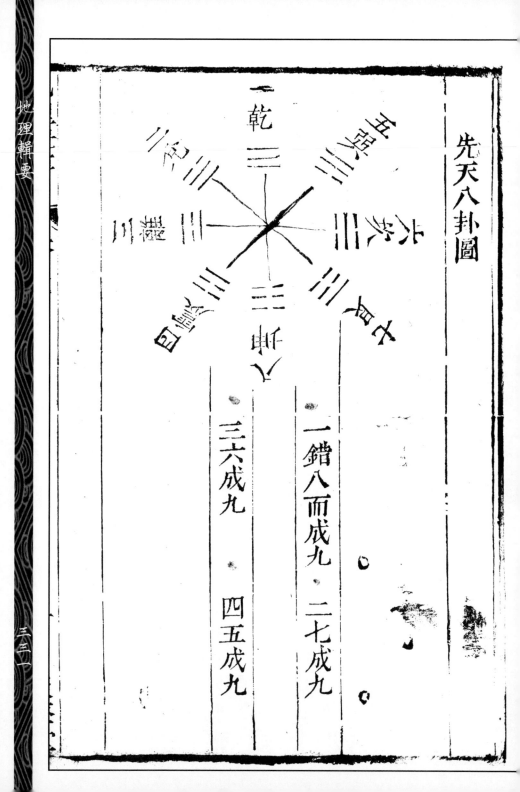

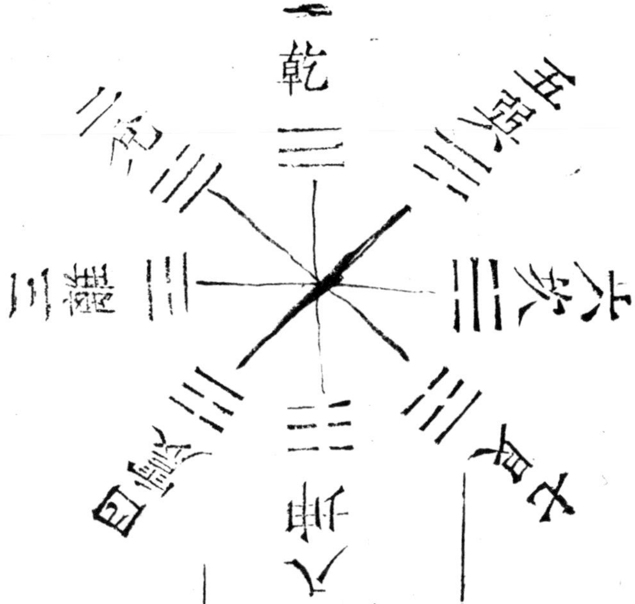

一錯八而成九 二七成九

三六成九 四五成九

天地定位山澤通氣雷風相薄水火不相射八卦相錯數往者順知來者逆是故易逆數也

此先天對待相錯以陽爻對陰爻陰爻交陽爻乾南三陽交坤北六陰故曰天地定位山澤雷風水火相錯皆陽交陰陰交陽也此爻象之陰陽故不論水火相射山澤相阻耳　乾一兌二離三震四前四卦爲陽當順往巽五坎六艮七坤八後四卦爲陰當逆來

雷以動之風以散之雨以潤之日以晅之艮以止之兌以說之乾以君之坤以藏之

此先天對待相錯故曰雷動風散雷風相薄所以生萬物震在寅方三陽時也雨潤日晅水火不相射者今之夏五月也艮止坤說

山澤通氣秋成之時也乾君坤藏天地定位冬藏之候也四象立然後四時成序焉

後天八卦圖

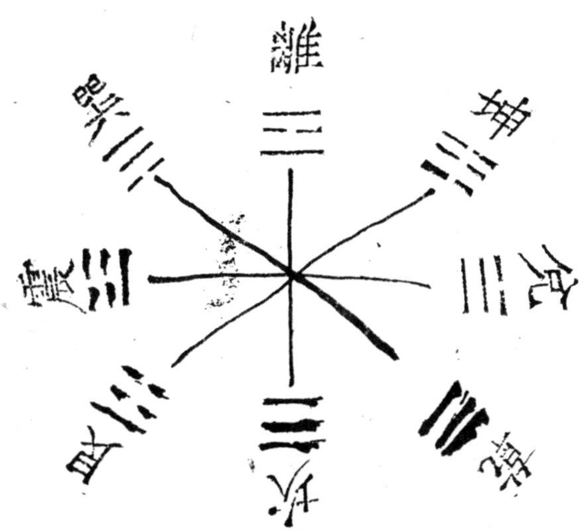

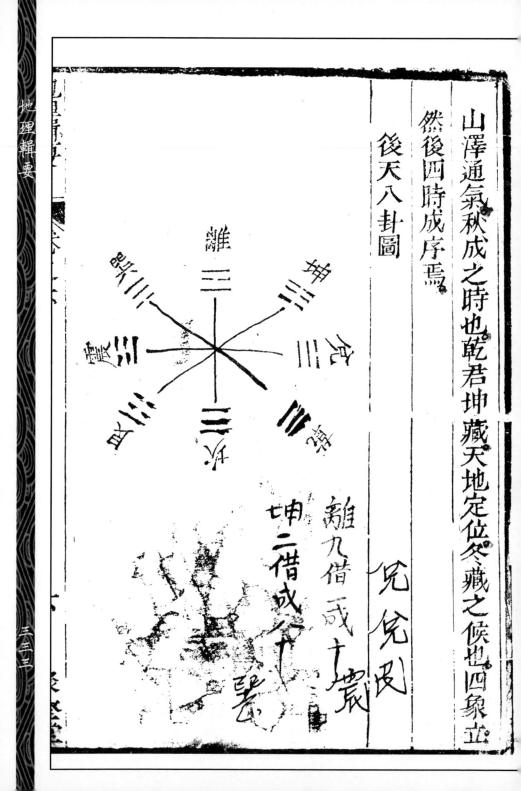

帝出乎震齊乎巽相見乎離致役乎坤說言乎兌戰乎乾勞乎坎成言乎艮

後天八卦即行夏時意自三陽之月始故言帝出乎震帝者天帝也陽也春也萬物初生齊巽者三四月萬物整齊之象相見乎離五六月稻成菓實之象所以相見其原形也致役乎坤順成之象也說言乎兌萬物皆成于初秋也戰乎乾收穫之候也勞乎坎收藏于冬十月也成言乎艮立春之候萬物成終成始者也

萬物出乎震震東方也齊乎巽巽東南也齊也者言萬物之潔齊也離也者明也萬物皆相見南方之卦也聖人南面而聽天下嚮明而治蓋取諸此也坤也者地也萬物皆致養焉故曰致役乎坤兌正秋

也萬物之所說也故曰說言乎兌戰乎乾乾西北之卦也言陰陽相薄也坎者水也正北方之卦也勞卦也萬物之所歸也故曰勞乎坎艮東北之卦也萬物之所成終而所成始也故曰成言乎艮

神也者妙萬物而為言者也動萬物者莫疾乎雷撓萬物者莫疾乎風燥萬物者莫熯乎火說萬物者莫說乎澤潤萬物者莫潤乎水終萬物始萬物者莫盛乎艮故水火相逮雷風不相悖山澤通氣然後能變化既成萬物也

佐天地化生萬物非雷風水火山澤則不能生化也聖人用卦後天易之神分四時八節之序其妙如此

乾健也坤順也震動也巽入也坎陷也離麗也艮止也兌說也

◎乾純陽法天故健坤純陰象地故順震一陽在二陰之下故動而

○震發象雷巽一陰居二陽之下故為風已無微不入坎一陽陷于二陰之中離一陰麗于二陽之內故火明在外陽居外也水明在內陽居內也故離為日為火之精坎為月為水之精艮山也能止物兌澤也能說物

乾為馬坤為牛震為龍巽為雞坎為豕離為雉艮為狗兌為羊

聖人觀此遠取諸物馬蹄圓象乾牛蹄折象坤震東方陽卦象龍能巽東南木卦象雞羽禽也坎象豕陽在內也離象雉文在外也艮象狗能止人也兌為羊能悅群也

乾為首坤為腹震為足巽為股坎為耳離為目艮為手兌為口

此聖人近取諸身也

乾為天故稱乎父坤地也故稱乎母震一索而得男故謂之長男巽一索而得女故謂之長女坎再索而得男故謂之中男離再索而得女艮三索而得男故謂之少男兌三索而得女故謂之少女

乾坤大父母也父母交而生三男三女索陰陽之相求也陽先求陰則陽入陰中而成男陰先求陽則陰入陽中而成女震坎艮皆坤體乾陽交坤初爻而得震故為長男交坤中爻而得坎為中男交坤三爻而得艮為少男巽離兌皆乾體坤之陰交于乾之初爻而得巽為長女交乾中爻而得離為中女交乾三爻而得兌為少女

乾為天為圜為君為父為玉為金為寒為冰為大赤為良馬為老馬

爲瘠馬爲駁馬爲木果

天圓君父皆乾之體健之至也玉金陽之剛堅不磨者也寒冰後天居西北之位也大赤先天居正南之位也爲馬有良老瘠駁四種何也觀爻之剛健純駁之象故言龍有潛見飛之異皆觀爻之變也木果陽之實者也故核中有仁仍存太極而生生不已也荀九家有爲龍爲上爲直爲言爲衣

坤爲地爲母爲布爲釜爲吝嗇爲均爲子母牛爲大輿爲文爲衆爲柄其於地也爲黑

荀九家有爲牝爲迷爲方爲囊爲裳爲黃爲白爲漿坤純而至順故爲地衆布以質柔而廣平也衆釜以量虛而容物也靜翕而歛

故爲吝嗇六爻停均故爲均牝牛乳子相隨不離順之至也故爲子母牛厚而載物故爲大輿三耦爲文爲衆先天坤北玄色也故黑。

震爲雷爲龍爲玄黃爲旉爲大塗爲長子爲決躁爲蒼筤竹爲萑葦其於馬也爲善鳴爲馵足爲作足爲的顙其於稼也爲反生其究爲健爲蕃鮮。

荀九家有爲玉爲鵠爲鼓震動也一陽始生二陰之下震而動也其象爲雷乾坤始交而生震故兼有天地之色也故爲玄黃陽氣方施故爲旉一奇二耦開通之象故爲大塗陽進而決于陰故爲決躁蒼東方之色故爲蒼筤竹取其體堅中虛之象也萑荻葦蘆也

馬開口而鳴馵懸足也馬立常懸一蹄作起也馬騰而起陽在下也額白也稼先出根着地後出苗故曰反生蕃鮮者震東草木生長之地也

巽為木為風為長女為繩直為工為白為長為高為進退為不果為臭其於人也為寡髮為廣額為多白眼為近利市三倍其究為躁卦

苗九家有為楊為鸛巽之為木者陽氣上升枝葉發榮而根伏于地陰伏陽下為繩直木之曲者繩直制之由工匠使之也少陰故色白為風為行也為高木性下入而上升也一陰盤旋于陽之下故為進退為不果陰伏於下氣鬱不散故為臭陽氣上升陰血不升故為寡髮陽多陰少故為多白眼巽以八之最能得利故為近

利市三倍

坎為水為溝瀆為隱伏為矯輮為弓輪其於人也為加憂為心病為耳痛為血卦為赤其於馬也為美脊為亟心為下首為薄蹄為曳其於輿也為多眚為通為月為盜其於木也為堅多心

水溝瀆隱伏以一陽陷於二陰之中也矯者曲而使之直輮者直而使之曲弓輪亦然加憂心病耳痛皆一陽陷陰之故耳離為目坎為月東西之位也盜陽潛陰內也荀九家有為宮為律則葭管之偁為可為棟為叢棘為狐為蒺藜為桎梏為隈為陷

離為火為日為電為中女為甲冑為戈兵其於人也為大腹為乾卦為鱉為蟹為蠃為蚌為龜其於木也為科上槁

荀九家有爲牝牛離麗也陰麗於陽其象爲火體陰而用陽其德爲文明故爲日爲電甲冑外堅所以象離之畫戈兵上直中虛象人之腹火燥象乾外剛內柔象鱉蟹蠃蚌龜中空故爲木科上槁

艮爲山爲徑路爲小石爲門闕爲果蓏爲閽寺爲指爲狗爲鼠爲黔喙之屬其於木也爲堅多節

荀九家有爲鼻爲虎爲狐艮止也陽居上其象山陽橫亙二陰之上象小石上實下空象門闕爲狗所以止物也爲鼠爲黔喙爲虎皆剛在上齒牙堅利之象鼻面之山也

兌爲澤爲少女爲巫爲口舌爲毀折爲附決其於地也爲剛鹵爲妾爲羊

○兌說也一陰見乎二陽之上其象爲澤取其說萬物也兌上折口象巫舌之官金氣始殺條枯實落故爲毀折潤極爲剛鹵少女從娣爲妾爲常人惟其所說則不能自如婦妾喜說由人也荀九家有爲常爲輔頰

按他書又有乾爲珠寶爲骨象牙爲鏡爲冠爲仙道爲百禽爲紈扇爲羽毛爲工巧之器

○坎爲冰雪爲小豐爲酒爲魚爲鹽爲核之物

○離爲霞爲電爲大琴爲文士爲花木爲爐灶爲殼之物

○艮爲藤谿爲石背

○兌爲鐘爲利刀爲歌女凡此何者非理

八卦所主人品

乾在人言語眞實肅局豐衣足食一生享祿眼黑唇紅爲人清白剛而不柔直而不曲頭目俱長乾性溫厚作事剛明果決否則凶暴。

兌在人主瑩白大肥率多有意志多藝有文學爲事機變主金合口舌又曰生春夏性悅好辯生秋冬好雄兌者悅也行邪言僞無所不爲隨波逐浪附於理法則爲和順否則邪妄

離在人主性急躁髮長口鼻高大身粗多志拚直有見識有頭無尾主文書春夏生文明秋冬之聯終始不決不好閑靜離麗也主明察附於理法則爲文明

⊙震在人主貌古面長風流怪異心智難測志大心高無定見春夏剛嚴衆所欽服秋冬剛而不威不能制物不好閑靜附理法爲威嚴否則躁暴

●巽在人主三峰面白鬚長眼斜心多疾主性沉簡言語少思易喜怒主山林春夏有權號令明肅有謀畧秋冬剛柔不一巽入也庇乖敢爲附理法則爲權謀不則奸邪淫佚

○坎在人主多狡詐心亂不義頭大面長有宿疾多髭鬚作事不定多改變春夏性險爲事暴不顧危亡秋冬性靜先難後易有謀畧有勝志

◐艮在人主謟曲見淺狹作事有頭無尾多成敗與人不誠春夏主

溫秋好善秋冬不常爲事遲緩艮止也附理剛否頑梗

坤在人主黑肥面上多黠性沉重少言多事逢人面奉語無約有始無終主田土衣食物坤上柔下亦柔內西南居偏附於理法則爲聖賢否則邪蕩

金匱經

元國師耶律楚材著　樸園氏集註

尋龍宗祖問巒頭。

地理家誰不尋龍只以山爲龍不識山有變化始成龍無變化仍是山祖者一方之尊星也宗者近我之大父母也看成何星體幾枝分出中抽爲幹幹上復分曰枝峯峦秀拔者貴豐厚者富巒頭本體只金木水火土變而爲九金帶火曰天罡金帶木曰孤曜金帶水曰武曲土帶金曰天財楊公取名貪巨祿文廉武破輔弼廖公取名紫氣天財孤曜掃蕩燥火金水天罡太陽太陰名異而體同更有變體立眠坐側兼併開合曲直盤架横平之不一也

枝幹陰陽聚散閉

未分本是同根生派别枝分問根源正出中抽名爲幹傍分長短
作護纏也有枝中結大菓也有幹盡是虛花斫得陰陽生死面因
地裁成自不差疑龍經曰君如尋得幹龍窮兩水相交穴受風匕
吹水刼生氣散此中正所謂疑龍

關峽從行分主僕

有帳盍跌斷處爲關如出帳入帳爲大關經曰龍不穿帳官不拜
相跌斷無帳曰峽關有五名峽亦有五名無關無峽必不結地太
祖山出脉開帳穿心名曰透天關少祖山飛鵝下名曰毓秀關入
首楓葉三叉名曰化生關橫山正出左右有護衛名曰假借關捲
簾殿試出帳入帳鼠尾貪狼或蜂腰鶴膝縱是富貴門王侯拜相

大地經曰穿帳度行踪祿位至三公然帳亦各有名水星曰漫天帳金星曰金蘭帳土星曰御屏帳木星曰華蓋帳火星曰芙蓉帳天財星曰橫天帳木火星曰淸吏帳凡帳皆吉無帳恐孤寒若夫峽者有過水渉澗號穿津崩洪十道要分明勢來形去脊帶石此爲藏氣少人識又有穿田名潛伏臨田失影號扛綵朴菴云扛綵土脈若連行盡處見眞形到頭界合要分明鬬鎖大地成來有星峰去或無來無去有號懸絲懸絲渡峽有偏正當取正作綱中蛛更有偏脈下平坡時師到此莫奈何閃脊藏踪多奇異認定生氣辨中和峽長氣弱號鵝頭時師多不省童斷石過五凶山獨立并傷殘鬼刼狂煞兼遊體十二病龍君莫取不識疑龍依口訣愼莫

反令人丁絶畧將大槩論玄微其中微妙要耳提

龍有關峽主僕由分而關峽之形象不一當於此篇細審之

華蓋帳

透天關

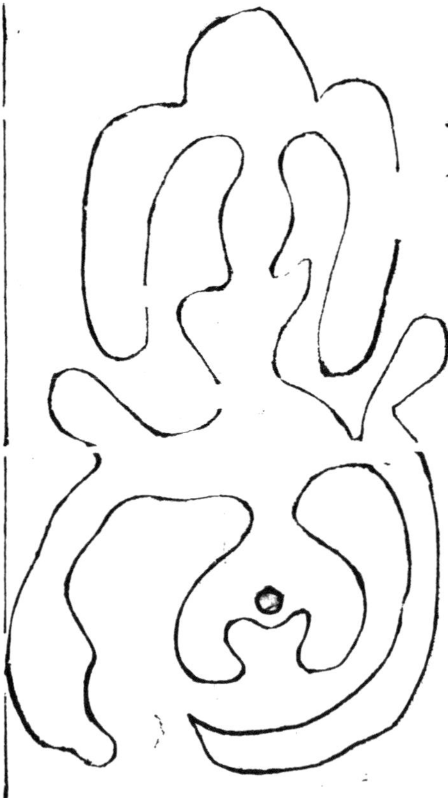

濤吏帳

毓秀關

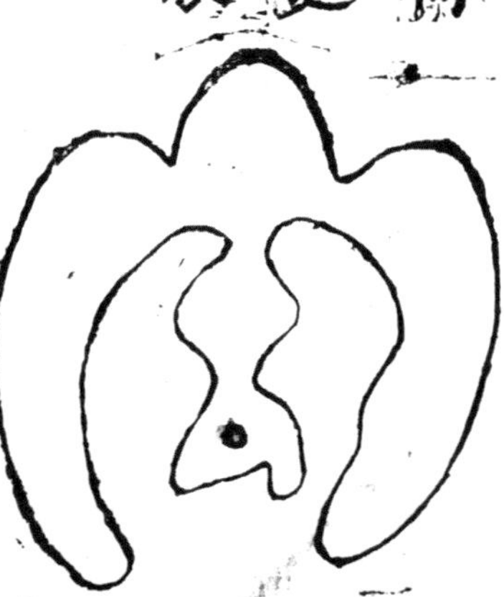

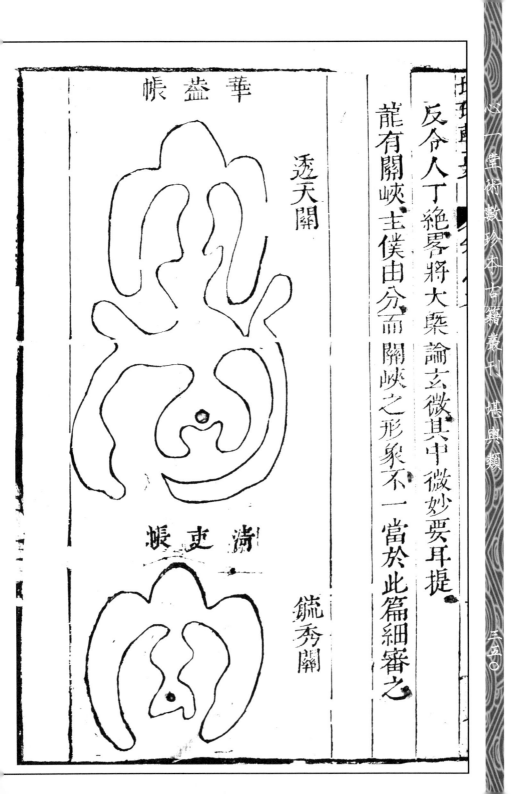

橫天帳

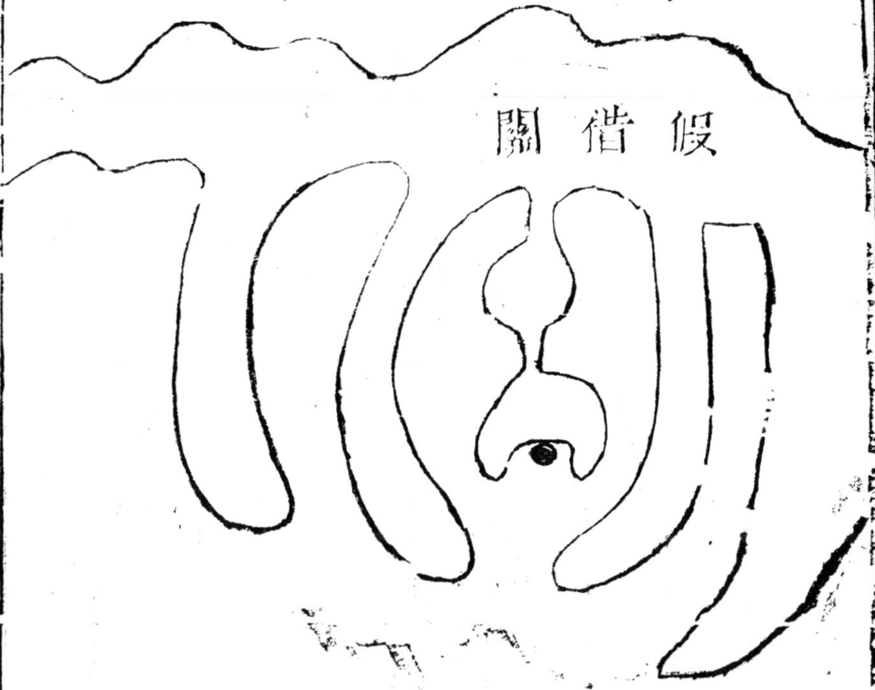

金闌帳

富貴關

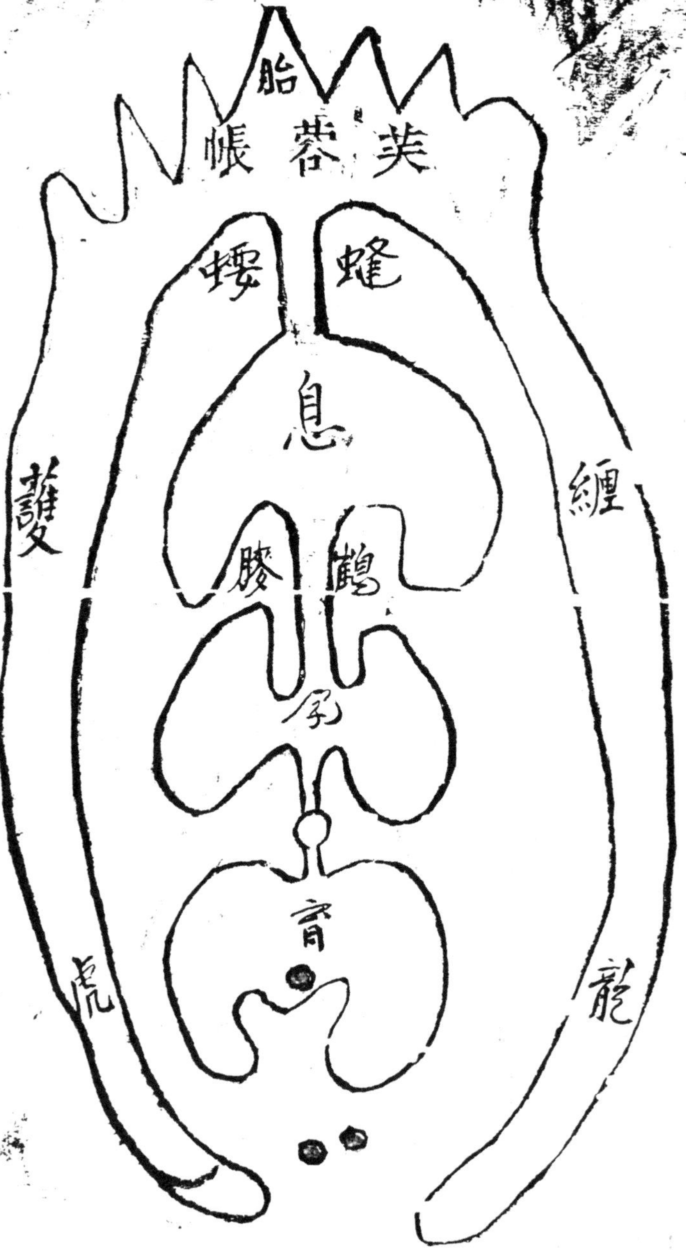

胎息孕育認孤寒。

看地難言是與非胎息孕育本天機四字不明空費力臨期作用定孤疑祖宗分受為出胎形勢剝換看生息到頭化氣看輪孕穴暘生氣認化育孤無倚從空樓閣寒受風吹無結作認得六字甚分明再將天星為証佐

胎伏有三十六尊高齊雲而低近水胎星愈高愈吉伏星愈低愈佳胎星落有脊如鼠尾貪狼伏必陽受胎星陽來平而無脊伏星必陰受此處受胎必要陰陽交媾方能孕育純陰純陽必不結地東氣結咽愈短愈佳若交媾之有情若蜂腰短有脊為血包精成男前多結乳突穴結咽平而無脊名曰精包血精包血兮坤道成

前去多作窩鉗穴若無交媾任是龍尊局美必不結穴然而看地
先看胎息次看伏息胎伏既成乃論孕育孕者化氣也陰變陽陽
變陰陰陽不變是無化氣育者穴場也陰來要窩陽來要突直來
宜挨橫來當撞緩來要急急來須緩楊公有十二倒杖賴公有十
六葬法隨地裁剪但亦不外葬乘生氣一語乘金相水穴土印木
此真點穴之心法也

毋嫌空亡乘煞氣　細看

祖山無勢降曰龍空行走不尊重曰度空衆大不特小曰同例空
泉小不特大曰無力空遠行不跌斷曰無峽空跌斷太過多曰缺
斷空峽過太長無護衛曰踢頸空連[illegible]體不跌斷曰祿

存空本身長無枝脚曰死鱔空多不結地穴亦有空亾正受若無
真官曜縱有垣局損年少無樂無主號空亡退落少年亡穴無正
星脈不明亦見家伶仃穴無化氣無苞乳家業化為土又有三十
六絕穴仰尾鵝頸鴨頭順水追泥城門水口界合不明乾窩絕後
壁前空名覆鐘絕裂尖裡尾初龍章板傍脊馬眼過堂飢口無乳
名開口絕落槽竹梘茶槽猾龍無裀褥名為金剛肚絕穴畔受凹
風名剪燭絕獨峰無護是孤神絕楓葉脚不回名三叉絕有星無
化氣為孤寡絕田龍不結咽名流砂絕龍無[illegible]真落名仙坡絕陽龍
無化生腦名無氣絕不明去住之勢要首開孤截為尖處絕穴
星微而山太高名壓穴絕龍賤朝尊名僭越絕上無分淋頭絕下

無合掃地絕形勢皆吉墓不合法爲失矩絕學者當爲詳究否則遺禍深矣

三吉六凶候氣難 時師以亥艮巽爲三吉豈不謬甚

龍有關峽是龍吉穴有生氣是穴吉砂回水注前朝後樂是局吉此爲三吉龍不專一鬼劫凶無關無峽孤寒凶陰陽差錯雜氣凶緩脫急鬬失法凶砂水錯消向背凶挨星不明暗煞凶候氣者剛柔相濟陰陽冲和淺深得乘風水自成時有七十二候透地有七十二龍內有孤虛之分必宜詳究故曰難也

縮氣藏氣飄泊氣

縮氣衆長取短衆大取小衆小取大衆高取低藏氣閃脊藏形穿

田渡津鋪氊捲簾馬跡蛛絲草蛇灰線乃一線入穴之生氣隱而不見有影無形即陰中陽陽中陰窩中突突中窩鏡中花水中月雪裡梅梅中核飄者上散下聚上聚下散上下俱散或從腰聚或飄如仙帶令人莫測脉雖散亂而實不亂形雖未落而實有眞落閃脉下平坡之謂也泊者生氣蓄聚於穴泊而不動也止在水則水在泥則泥在石則石道眼知之

相傳脈絡要清圖

起伏節次是相傳有脊脉來陰氣堅平舒散緩陽爲絡眞龍脈絡斷復連纏護淸奇變曲灣正中磊七尖圓方節次星峯皆合體順生逆尅河洛理若還識得此中機與人造福靈如鬼

折山入首須伶俐

大地從來多腰落。要看折山爲的確。橫來一節起間星。假借闗中好斟酌。若無間星到折山。依然還是龍枝脚。帳角儼似假闗來。仍有兩傍夾護囘。若無間星或身曲。蜂翼遊魚虗花屬

神煞性情認的端

龍神四應要和平。須知煞曜損人丁。尊嚴起伏龍之性。砂環水繞只言情。細將性情審端的。吉凶自然合天星。

真龍真穴真砂水。

闗峽迎送護龍來。結咽束帯入我懷。前朝後樂無空缺。外看水繞與山廻。

初中老嫩亦堪安。

看地何必泥初中。若還有穴老嫩同但要識氣識生死不明生死枉用工。

倒杖作法乘生氣

正來正受順中裁不犯氣冲腦散災葬雄耳受當用逆挨生棄死認端的緩來急受杖須縮脈煞就生義最確勢急形直杖當綴脫龍就局平中作勢硬橫來杖法開形如鬬斧揰中截勢須斜來穿杖對截法穿針入少識突中尋穴杖須離沒杖開派法最奇騎龍斬關截杖法無穴打開對杖卸截龍立法名犯杖斬關閃煞亦所宜若還了得十二法點穴何須用土圭更有八種論玄微學者務

當知一星峰巒頭五星為正宗二主頂正直斜橫面皆整三作法
金水木火土生訣四脫落結咽束蒂要的確五穴情五行生氣要
認真六交合細看蝦鬚何處合七穴法陰陽浄兼挨加法八雌雄
蝦翼蝦鬚太極中

高山平地總一般
不論平地與高山風藏氣聚有關攔龍真穴的水合法砂廻朝拱
穴其間高山俗云不論水乾流不可無砂攔平洋仍怕風水刼世
人多下臍口穴山龍落平勢要明更恐穴前四應清若還砂缺水
冲射三年五載損人丁
心法流傳無巧妙九十八字大機關

此言巳上皆傳受心法無一字虛語學者宜細玩之

天星心法首章之圖

先天後天合奇偶之圖

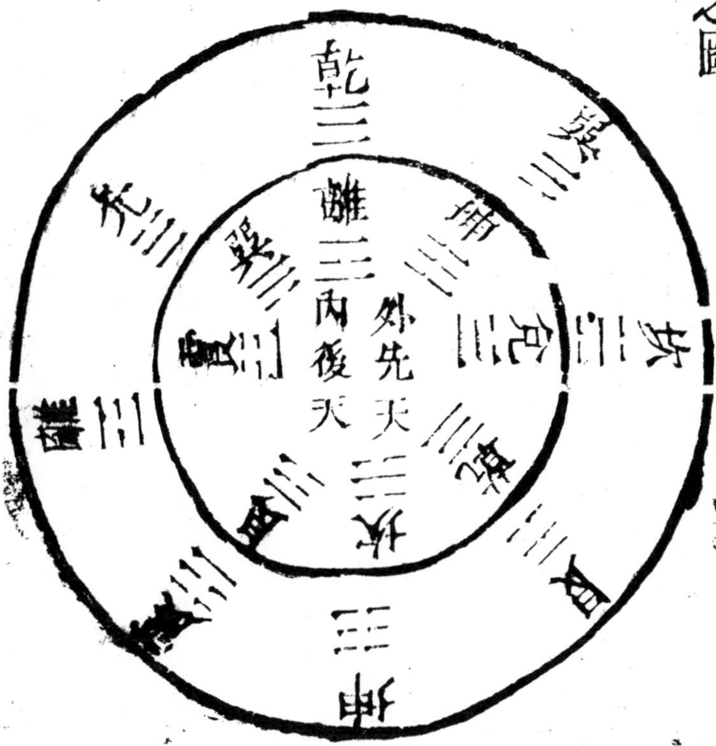

洛書合後天正與圖看河圖先天以開天地者以先天之乾三爻合後天之離四爻共得七數奇也故乾為淨陽乾納甲故甲因而屬陽先天之兌四爻合後天之巽亦四爻共得八數偶也兌為淨陰兌納丁丁丙亦屬陰巳丑合兌亦因而屬陰先天離四爻合後天震五爻共得九數是陽奇也離為淨陽離納壬寅戌合離亦因而為陽先天之震五爻合後天艮亦五爻是偶震淨陰震納庚亥卯合震亦因而為陰先天巽四爻合後天坤六爻是偶巽又納辛故巽辛皆陰先天坎五爻合後天兌四爻是奇坎納癸申辰合坎亦因而屬陽先天艮五爻合後天之乾三爻是偶也艮納丙艮丙俱陰也先天之坤六爻合後天之坎五爻得十一奇也坤納乙坤乙俱陽也共淨陽淨陰潛用先天而貫後天者何也先天為爻後天為毋子當從父姓而不能外也以奇偶先天後天加臨奇偶之數故名淨陰淨陽非他義也總理家常貫陰而賤陽者豈不謬哉

河洛相加奇偶淨

河圖

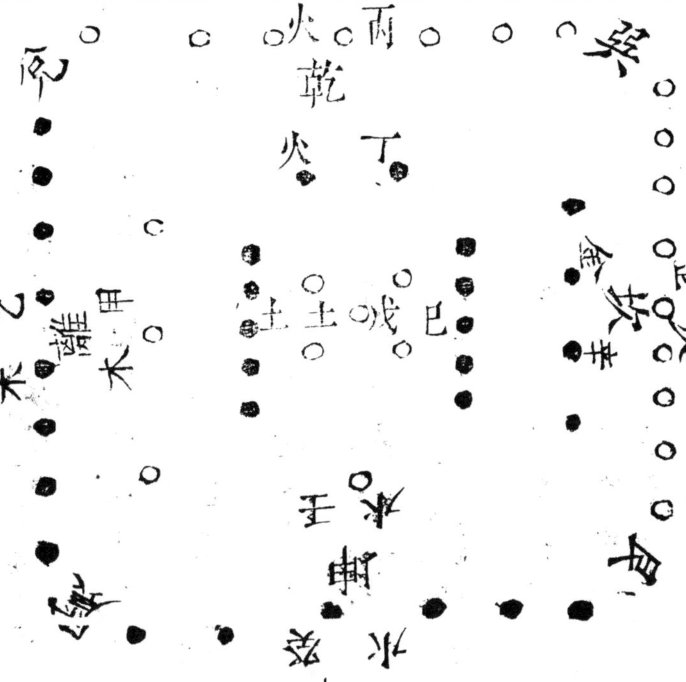

天一地二天三地四天五地六天七地八天九地十此天地之數陽奇陰偶即所謂河圖者也天數五地數五五位相得而各有合天數二十有五地數三十凡天地之數五十有五此所以成變化而行鬼神也天一生壬水地六癸成之在北先天之坤位也天三生甲木地八乙成之在東先天之離位也地二生丁火天七丙成之在南先天之乾位也地四生辛金天九庚成之在西先天之坎位也中五生戊土地十巳成之

河圖即先天八卦乃天地定位是乎看東西南北生成不動西北多山東南多水天道上升故一陽生於北即地雷復也☳地道下降故一陰生於南即天風姤也☴是河圖即太極也東北陽為

主陰爲賓西南陰爲主陽爲賓

天一生壬水納於離屬火離之歸元在壬地二生丁火納於兌屬金兌之歸元在丁天三生甲木納於乾屬金乾之歸在甲地四生辛金納於巽屬木巽之歸元在辛天五生戊土無納寄於坤地六生癸水納於坎屬水坎之歸元在癸天七生丙火納於艮屬土艮之歸元在丙地八生乙木納於坤屬土坤之歸元在乙天九生庚金納於震屬木震之歸元在庚地十生己土無納寄於艮

經曰金宮本是東林子送與西隣寄體生十干從納而變惟有壬方癸水天一所生納於坎卦仍屬水不變壬從離爲火甲從乾爲金乙從坤丙從艮屬土庚辛從巽震屬木

河圖四大局

時人知解河圖而不知用河圖者以未識十天干從河圖出也地理家得河圖之生數者發子孫得河圖之成數者與富貴如坐癸向丁丁乃生數若丙峰高起則生成之數得矣大抵丙生人貴若砂不起水朝發福尤速此河圖之成數也生數則坐壬向丙丁峰起丁水朝入丁旺且多壽者共六法俱從立向上消納與丙丁火局而用乙木局壬癸水局庚辛金局 可推矣若夫神而明之又有進焉

賴仙曰金宮本是東林子送與西鄰寄體生因是推之癸水壬火也

甲丁金乙丙土故乾兌之歸元在甲丁坤艮之歸元在乙丙震巽

之歸元在庚辛坎之歸元在癸離之歸元在壬玉尺曰癸乘坎氣而有用辛見巽巽見辛兩成妙用此皆單見氣屬納甲如見甲不見乙見乙不見甲之類若雙會則合圖中生成之數而成局如甲乙二水齊來或甲向乙水朝乙木向甲木朝此閤善用之則能化煞生權不善用之則變官為鬼

○

庚辛局木

本體金納震巽屬木庚水朝庚峯起即立庚向震為歸元巽為相薄兌為合十艮為震三○辛有峯水朝立辛向巽為歸元震為相薄乾合十離為地四俱不作金局作木局若庚辛二水齊來二峯並起庚向辛朝辛向庚水合生成會局龍從坎來水生木為子孫金生火帶父母○龍從離來父母帶財震巽木生離火火尅庚辛金為財○龍從乾兌來乾金與庚辛原是兄弟今入木局金尅木為財為兄弟帶財上也○龍從坤艮來坤土本局木是官鬼庚辛原屬金土生金為子孫為子孫帶官鬼次之○龍從震巽來震巽木與本局木為兄弟又與庚辛本庚氣為煞為兄弟帶七煞凶

丙丁局

艮納丙兌納丁

龍從乾兌來則父母丙土兄弟丁金帶官鬼兌見丁為歸元見丙為通氣丙丁原屬火兌金為官鬼

龍從坎來則父母丁金官鬼丙土帶財丙丁原火

龍從艮坤來則兄弟丙土子孫丁金帶父母丙丁原火見丙歸元為通氣

龍從震巽來則財丙土官丁金帶子孫丙丁火震見丁為合十見丙為地八巽見丙為陰陽相配見丁為官鬼

龍從離來則子孫丙土財丁金帶兄弟此局艮兌為上餘皆次之離又次之

甲乙局

龍從乾兌來則父母乙土兄弟甲金帶財甲乙原木見甲為歸元見乙為定位

龍從艮坤來則兄弟乙土子孫甲金帶官鬼坤見乙歸元見甲為定位艮見乙為合十見甲為先天

龍從離宮來則子乙土財甲木帶父母

龍從坎來則父母甲金官鬼乙土帶子孫

龍從震巽來則財乙上官甲金帶兄弟此局乾坤為上

壬癸局

龍從離宮來則成官貴壬爲歸元癸爲相薄此局大貴所謂離龍坎水近君門也○龍從震巽來子則孫壬火○龍從艮坤來則父母帶父母帶財○龍從乾兌來癸爲先天壬爲生氣則官鬼帶子孫○龍從坎來則兄弟帶財此爲次離坤爲上震巽次之兌艮又次之

河圖天生地成地生天成四大局

木局水法甲向乙水乙向甲水合天地定位格○乾坤 ☰☷ 乾三數坤六數合九

火局水法丁向丙水丙向丁水合山澤通氣格○艮兌 ☶☱ 艮五數兌四數合九

金局水法辛向庚水庚向辛水合雷風格薄格○震巽 ☳☴ 震五數巽四數合九

水局水法壬向癸水癸向壬水合水火不相射○坎離 ☵☲ 坎五數離四數合九應驗

河圖四局合天地生成大數而又先天對待夫婦相合凡遇此純粹悠久吉不勝言

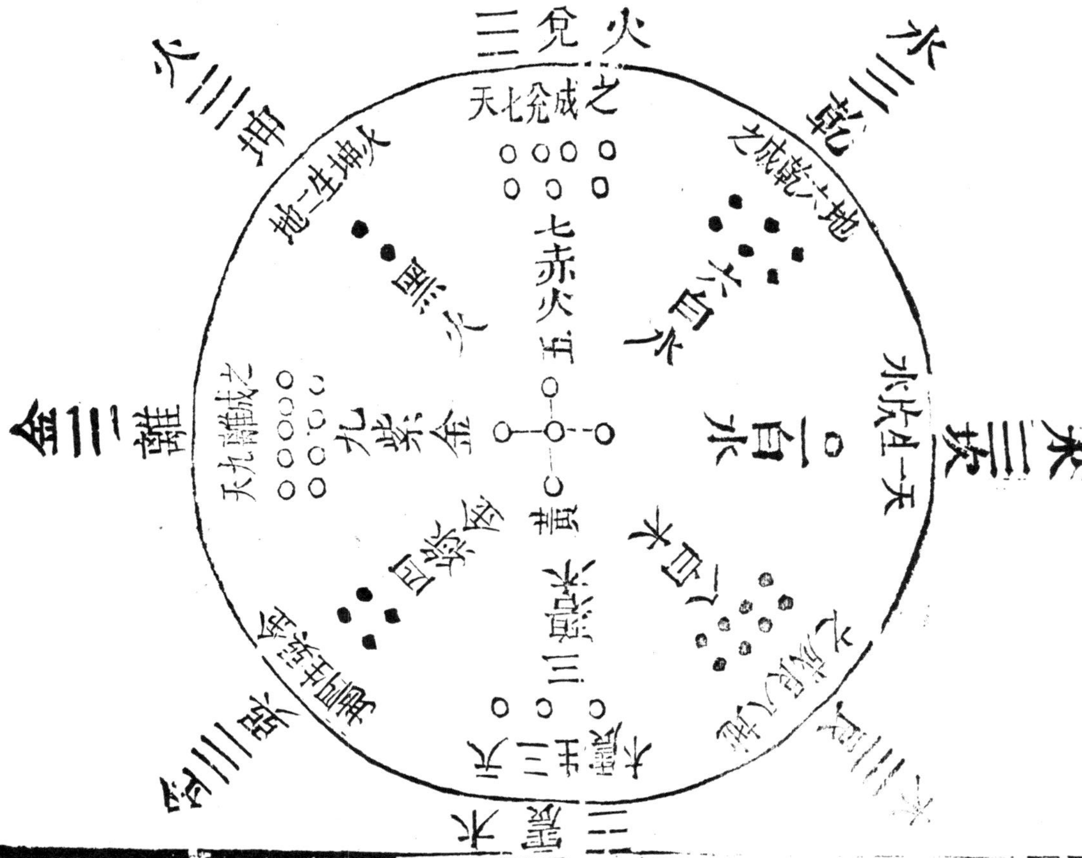
離 三 金
坎 三 水
兌 三 火
震 三 木
乾 三 水
坤 三 火
巽 三 金
艮 三 木
天一生坎水
地六乾成之
天七兌成之
地二生坤火
天九離成之
地四生巽金
天三生震木
地八艮成之
一白水
七赤火
九紫金
三碧木
二黑火
四綠金
八白木
五黃

天一生坎水地六乾成之天三生震木地八艮成之地二生坤火天七兌成之地四生巽金天九離成之天錫禹王洪範九疇彝倫攸敘唐孔氏曰天與禹神龜負文而出列於背其數有九禹遂因而第之以成九類世傳戴九履一左三右七二四爲肩六八爲足陽居四正先天乾坤坎離之位陰居四隅先天巽震艮兌之位此洛書定數而地理淨陰淨陽本此但河圖九在西茲易之南河圖七在南茲易之西金火互位何也蓋圖主順生自北而東水生木木生火火生中土土又生金金又生水書主逆尅自北而西水尅火火尅金金尅木木尅土土尅水此七易西九易南之故也而以合十之理考之又皆自然之數所謂縱橫十五在其中也是故天一生坎水地六乾成之

立乾向甲仝坎水坎峰及癸申辰為一來會六坎納癸水長生申墓辰

立坎向癸申辰仝乾水乾峰申仝為六來會一是河圖天一生壬水地六癸成之之義

立震向庚亥未仝艮水艮峰丙仝為八來會三

立艮向丙仝震水震峰庚亥未仝為三來會八

惟此二局水會水垣木會木局又皆淨陰淨陽不至駁雜上吉

地二生坤火天七兌成之坤向則吉火生土也兌向則凶金畏火也為煞地四生巽金天九離成之離向則吉火剋金為財巽向則凶金剋木為煞地四生辛金天九庚成之於位在西於氣淨陰者異矣雜此二局龍真朝真亦發合生成數總而言之未會局之先乾金艮土巽木離火坤土兌金既會局之後坎水乾亦水震木艮亦木坤土變

火兌金亦爲火離火變金而巽木亦爲金何也洛書後起河圖先成一居坎合河之壬故不變仍屬水洛之乾六乃河之癸六故從河之成數皆水震三木而艮土亦木河天三生甲木地八乙成之艮從河乙成數爲木也洛二坤土何爲火從河地二生丁火天七丙成之故兌金從而爲火地四生辛金天九庚成之故巽離從而屬金相加者先天後天互位洛之生數合河之成數河圖天地定位東西南北生成不易是平看乃四大部洲之總圖也爲之體洛書易位配後天之輿圖是豎起看如日星之流行自東而西生生不已之義也河之土居中不動洛之土寄艮坤一爲金母一爲水堤木藉水生非土不載火炎易燼灰必成土此禹王大聖人因神龜之文而發明此至理也

玉尺經曰生來會旺聰明之子方生旺去朝生富貴之期驟至又曰貪富貴則乘生朝旺圖嗣續則背旺迎生但俱要立向消納得明不然多側室續娶之應

曾看鳳山祖地坤山艮向震上一池是向震水朝爲三會八乃生來會旺聰明之子方生惜震兼乙三分坤納乙艮向爲後天之夫婦乃指之曰艱嗣續者即發但應在後天夫婦其驗如神此以生成之數合十之理俱可知已

洛書四大局

水局

坐向坎辰癸申見乾水甲全坐向乾全乙甲見坎水辰癸申

此爲天一生坎水地六乾成之乾納甲皆屬水中水長生辰水庫也

火局

坐向坤乙全見兌水丁巳丑坐向兌丁巳丑見坤水乙全

此爲地二生坤火天七兌成之

坤納乙兌納丁巳酉丑會三合

金局

坐向巽辛全見離水壬寅戌全坐向離壬寅戌見巽水辛全

此爲地四生巽金天九離成之

巽納辛離納壬寅午戌會三合

木局

坐向震庚亥未見艮水丙全坐向艮丙全見震水庚亥未

此爲天三生震木地八艮成之

震納庚艮納丙庚亥未會三合

河圖以順生水木火金土洛書以逆尅火居金位金入火鄉故洛

書水木二局合河圖固其緫㮣而金火二局不無駁雜然遇巒頭

秀拔砂拱水朝發福仍大小結亦有三紀中結有六紀

金輪五兆兩循環

金輪者太極圈也五兆者五行生尅制化河洛配合迎生會旺避煞消凶之類也循環五行之氣生生不已陰變陽陽變陰顛倒不一若循環之無端也穴內分經得卦與五行會合於穴中斯成大地矣

四龍剝換名專一

四龍者金木水火四大局也即四大玄空乙丙交而趨戌辛壬會而聚辰斗牛納庚丁之氣金羊收癸甲之靈此法雖出三合之大宗也

木局亥卯未乾甲丁火局寅午戌艮丙辛金局巳酉丑巽庚癸水局申子辰坤壬乙

來龍行度俱宜生旺胎養官祿為吉休囚死絕墓者皆宜水去必不可放辰戌丑未要放乙辛丁癸此乃坤兌坎離之歸元也龍行曲屈豈無剝換但不宜陰陽剝雜尊一者淨陰淨陽無犯雜氣之病也

四局縈迴間靜流

四局者言向也玄者水也空者流去之方也丙丁乙酉原屬火乾坤卯午金同坐坎癸艮甲是木神乙庚丑未土為眞子寅辰巽辛兼巳申與壬方屬水神來宜生旺去休囚反此災禍必臨門縈迴

者朗堂平靜脊我也〔此楊公小玄空水法以生入尅入為進神生出尅出為退神專論向上收水放水〕

山上龍神不下水水裏龍神不上山

山即坐山只從正針格龍定局水裏龍是向消納從向不從龍縫針是也

雙山當用之於山龍行屈曲正針難定故用雙山格龍水同行不息無方不去故用三合折山八首尤重總以生旺為吉死墓為凶山上龍神不論水也玄空乃向上收水放水所用取生入尅入為進神生出尅出為退神故云水裏龍神不上山也

乘氣挨加無差錯

此乃立穴乘氣挨加之法經曰立向有轉移之巧分金盤豈髮之

差此也不明挨星吉地葬凶與葬戸同
合明合德建祿官
陰陽之道與日月合其明與天地合其德與四時合其序與鬼神合其吉凶今地理之道誠本諸此夫合以納甲言日則一日一周天常不損其明月則一月一周天毎有盈虧之象故納甲因之初三始明一線昏酉時初在庚方始生一陽其象震震宮納庚初八日昏見丁方下生二陽其象兌故兌納丁十五昏見甲方三陽盈滿其象乾故乾納甲十六後爲晨毎日卯初看十八晨見辛方下生一陰其象巽故巽納辛二十三晨見丙方下生二陰其象艮故納丙二十九晨見乙方三陰遍滿陰魄韜光其象坤故坤納乙消

滅之朕兆皆由此耳

故曰壬子復卦癸丑臨卦艮寅泰卦甲卯大壯乙辰夬卦巽巳乾卦丙午姤卦丁未遯卦坤申否卦庚酉觀卦辛戌剝卦乾亥坤卦此之謂雙山若夫太陽之次舍

正月日在室火猪中星昏酉時在參中旦卯時在尾中日月會于娵訾之次律建大簇

二月日在奎木狼中星昏在張中旦在心中日月會于降婁之次律建夾鐘

三月日在婁金狗中星昏在心中旦牽牛中日月會于大梁之次律建姑洗

四月日在昴日雞中星昏在翼中旦女中日月會于實沉之次律建

仲呂

五月日在參水猿中星昏在亢中旦危中日月會于鶉首之次律建

蕤賓

六月日在東井木犴中星昏火中旦在奎中日月會于鶉火之次律

建林鐘

七月日在張月鹿中星昏建中旦畢中日月會于鶉尾之次律建夷

則

八月日在翼火蛇中星昏牛中旦嘴中日月會于壽星之次律建南

呂

九月日在角木蛟中星昏虛中旦柳中日月會于大火之次律建無

射

十月日在房日兔中星昏危中旦星中日月會于析木之次律建應

鐘

十一月日在箕水豹中星昏壁中旦軫中日月會于星紀之次律建

黃鐘

十二月日在斗木獬中星昏婁中旦氐中日月會于元枵之次律建

大呂

南北二政自玆分矣合德者羅經內盤之土圭與外盤之地羅相生相合內盤三位共一宮只有八分氣從八方此之謂也即一卦管三山甲卯乙辰巽巳丙午丁未坤申庚酉辛戌乾亥壬子癸丑

艮寅所以內盤一卦管三山將以格龍也外盤縫針只合雙山如郭子曰內盤問龍外盤問向體用並行運氣周而內立八極而定八方之龍應地實也外列十二以運周天之次舍應天虛也星纏次舍各列五行寧與度和無令度剋度若剋龍名爲傷胎主絕從命受度剋名爲刺穴主敗以差之毫釐失之千里可不愼哉玉匣經曰河圖課龍行度生則進不生則退洛書証穴之忌宜合則吉不合則凶雙山論八首以徵穴生則福而洩則凶玄空明水局之來去旺則從而休則敗地理秘竅猶不止此可不愼與

大中針內乘生氣三七二八相簇攢

既得乘龍之眞正然後自龍入脈出一正線又自坐向出一中線

又自加針出一附線此線即分金挨星之法也自三線交會之中而立一針名曰大中針也即立大中針巳或耳受或腧受或腰受乘正針之生氣或上爲正向下爲加針者即縫也或下爲正向上爲加針三七二八自茲分矣蓋大衍之數以五十爲正數今以十分之中或上七則下必三或上三則下必七此耳受之例也若上二下八上八下二此腧腰之例也簇者合萬殊而同歸于一本攢者聚衆位而共入一椿也必欲其外藏八風內秘五行生氣中涵人崇鬼福斯斷不可毫髮之差也

寶照中涵眞造化證盟近地與穿山

寶照者即寶鑑羅經之象鑑五行八卦陰陽俱在其中能明此理

則造化無窮矣以此乃可證盟穿山透地也夫經有二盤內盤應七十二候氣有七十二龍名穿山虎以其風從虎也故不離山也用以格龍為確外盤六十透地龍以龍名之因其變化不測二者相合則是風雲際會之義耳如甲子金龍坐火度則尅為傷胎坐木度則爬結而成坐土度則富貴坐水度則洩氣而福漸消坐金度則冲和而平穩餘倣此

四神生旺方言篇

四神者金水木火四局也

金局巳酉丑巽庚癸水局申子辰坤壬乙木局亥卯未乾甲丁火局寅午戌艮丙辛卯到頭乾亥

甲卯丁未之木山自亥癸艮卯來得生旺之氣吉巳午未申酉方

來凶總不外長生一堂訣耳。

流澤休囚衣食難。

水神來要生旺去宜休囚反此則衣食難矣。

果能洞達眞玄妙天地移來掌上看。

學者當慎思明辨使天地之運陰陽之理洞然於心目之間了然於作用之際則禍福不必要之于天而咸歸吾掌握之中矣人力可以奪天工端有之也。

四大玄空玄竅相通

乙丙交而趨戌凡寅甲卯乙巽龍右落者皆爲陰木龍生午旺寅墓戌配陽火水艮丙辛寅午戌火生寅旺午墓戌凡巳

丙午丁陽火龍配

乙木陰水同墓戌

辛壬會而聚辰兑申庚酉辛乾右落爲陰金龍配壬陽陽水水同墓辰亥子壬癸艮左落爲陽水龍七星龍亦從此配陰金水同墓辰壬龍配辛金水生子旺申墓辰坤壬乙申子辰三合從水陰乙水龍從坤壬乙變水右旋癸也陽亥龍配壬水生申

斗牛納庚丁之氣巽庚癸巳酉丑三合兑申庚酉辛乾左落爲陽金龍配丁陰火水同墓丑兑巳丙午丁右落爲陰火龍配陽庚酉辛水同墓丑

金羊收癸甲之靈乾甲丁亥卯未三合皆爲木陰亥龍配癸水生卯陰癸水龍配陽甲木水生亥兑寅甲卯乙巽左落之陽龍爲陽木生亥旺卯墓未配癸陰水同歸兩庫

地理輯要卷之六終

地理輯要卷之七　楊賴二公定制經盤　樸園氏集

羅經正盤總說

羅經層數多至五十餘層卦例五行多至數十餘種學者汪洋而無所從抑知經盤之用不過八卦十二支天星三者而已其餘層數皆所以佐輔三者之用也古今談經盤者咸祖玄女謂玄女授針法於黃帝其後赤松黃石制爲經盤有青囊正經可據愚意玄女黃帝世遠無可稽但針法非聖人不能制青囊非周秦以下書經盤必剏於三代之聖人此則可知也自周而漢六朝其制隱秘世不盛行至唐楊公所傳有二十四山淨陰淨陽九星盈縮六十龍等法二十四山者合八卦十二支而成也六十龍上應天星之貴賤也以之乘氣立

向消砂納水法已無所不備明了之人只此三層已足後楊公以天盤制三八二十四於八卦之界限則明了但十二支之界必半分于維恐者卒難通曉於是十二支位每位兩分前于維而後地支二十四山雙雙起倍其十二而二十四地支之界亦了然明白以之起生旺而挨九星則無兼前跨後之弊矣其制正針當舊制之縫中故稱縫針而指舊制曰正針也又以二十四既應天之二十四氣然一氣有三候未有應者故作七十二山用之坐穴避于維之中空地支之正冲所謂七十二分金也又以七二分金每山三位未爲精細乃於每山之下各設五位共一百二十分金取其旺相避其孤虛龜甲所取者正當二分之加數不犯五六之空冲九十之偏薄分金之法精

當無餘矣若夫中針者則賴公設以明盈縮龍也盈縮甲子起於正針之亥末從天盤也淺者疑之公作催官發天星之秘故作此盤益天星以天皇天帝一星爲主宰此星在勾陳口中紫微帝星正照午位則天皇在乾亥之間悉前半位以壬居壬亥之間子居壬子之間上應天星正對而不偏倚青囊曰北極斜居壬亥之間也蓋天之子午與浮針之子午差半位而不相對此非人盤無以應之浮針之子午曰正針地盤也北極之子午中針人盤也其名中針者以此盤之子午正指正針內午二火之中也中針一設而天星之位各得其正而盈縮甲子之起正針亥末者實天盤之壬中無疑矣三針備而八卦地支天星之分界畫然盈縮起甲子於正針亥末五子正當中針

之子位中針之用也七十二從入卦起甲子於正針之壬中五子正當正針之子位正針之用也百二十從地支起甲子於正針之子初十子正當縫針之子位縫針之用也中土天星以辨龍正主八卦陰陽以定龍向縫主地支生旺以消納砂水故曰三針盤縮六十爲辨龍之細法穿山七十二爲坐穴之細法百二十分金爲分金之細法故曰三盤三針三盤爲扦穴之必需缺一而不可也則集爲正盤其餘正針內辨龍水純駁之法細盤先後天卦倒之說不皆正理者則集爲備用

縫針二十四山

縫針二十四山者中分一支而成雙山也如子支一位中設壬子二

山以干從支二十四山雙雙起子母公孫同一位公以五行生旺起於正針雖有天卦玄空卦以挨星必竟有兼前跨後之弊故設此盤耑爲占生旺而設其盤之子午在正針子癸午丁之縫中故曰縫針其丙午縫針者以正針之子午則指縫針之界丙午之縫中此盤耑爲立向以占砂水之生旺死絕與格龍之天星貴賤立日之陰陽純駁無涉者也

中針二十四山

中針二十四山賴公爲明盈縮六十龍而設也耑用之格龍以辨天星之貴賤所謂再把中針來較量也如正針亥龍入首左邊入多是中針之亥乃天地二盤俱亥主吉若右落多則係中針之壬非天星正氣矣行山小盤不便設盈縮當設此盤以代之

三針三盤總說

天體左旋五行順序。故背北面南。以言氣則西爲先。而東爲後。天氣先至地氣後至。地理龍氣爲先。穴向爲後。故用先至之氣辨龍。後至之氣坐穴。分金以符天地之氣。此三針三盤之用也。然此以氣言。無形可見。人何從而信之。抑知仰觀北極。斜居西北。測臬而日景倚於西南。中縫兩針。非憑空無據而設也。蓋有理斯有氣。有氣自有象。經盤之妙。正公得之太乙老人。有正針一針。有天紀地紀分金三盤。地紀從正針。人所共知。分金子偏東北。午偏西南。故楊公加入縫針。所以明分金之位。且兩位歸於一支。並無兼前跨後之弊。以之消納穩妥無疵。況正針明用八卦。暗藏地支。惟加入縫針。而後地支之用始大著也。天紀子偏西南。子偏東南。故賴公加入中縫。所以明天紀之位也。三針有理可信。有象可憑。中最先而主龍。正次之。而坐向。縫又次之。而分金。先後次第。天地自然。龍向砂納。各有其司。猶人身之五官。各司其用也。今人不知其原。而是中非縫。或左縫攻中。何異一身之神形。自相攻擊也。有是理乎。

三盤外卦

廿公之羅盤。止有正針二十四山。及盈縮六十龍。穿山七十二龍。分金百二十龍。四盤雖無中縫二針之說。而二針之用已具其內。如用正針壬子。雙山格龍。盈縮六十龍。即中針天壬極之位也。用子癸同宮分金。即縫針臬臬之位也。盤中原具三針。故正針外卦。亦有三盤三盤帶卦之甲子。皆用順排。其一甲子起於壬初。帶解卦。其二甲子起於壬半。帶比卦。其三甲子起於子初。帶頤卦。正針有三盤順排之甲子。後世因有正三種之分金。南京盤以起壬初。至六十倍為百二。故分金起壬初。江西盤以壬半之六十倍為百二十。故分金起於壬半。徽州盤起子初之百二十分金。則用正楊之原制也。

正針後天卦先天卦　京房候卦

甲子解　甲子解其戊子當賴盤壬

壬

丙子渙甲子比　宁

戊子濟丙子剝甲子頤

干　庚子師戊子復丙子中孚　中　甲子比其戊子當正針子

子　壬子因庚子順戊子復

癸　壬子屯庚子屯宁甲子順其戊子當楊盤下

壬子兼

羅經欵式

一層天池　二層八煞黃泉　三層正針二十四山　淨陰淨陽

四層正針分金　五層七十二穿山　六層賴公中針

七層天星　八層楊公縫針　九層盈縮透地六十龍

十層百二十分金　十一層宿度五行

十二層三百六十五度天度吉凶

羅經以八寸為度止用十二層廣大悉備餘不必入局

羅經之用。不過辨龍立向坐穴消納而已。其法不一。有辨龍乘氣之用法。有立向之用法。有坐穴之用法。有消納之用法。後學不明其理。因而不明其用。先賢起而發明。註疏諸層。皆註疏此二十四山者也。盖辨龍乘氣之用。龍取天氣。丘楊曾賴作用。只有盈縮。盈縮者。天盤之用也。地形方而靜。其數整齊。天形圓而動。其數零奇。故不可以平分測天氣。言龍法也。於是賴公作中針。以子指壬子之縫中。壬子同宮。乃天極之子午也。地無精氣。以星氣為精氣。地無貴賤。以星光為貴賤。必用天盤。始能辨龍之美惡。徐試可以盈縮起甲子於正針亥末。失之太早。以平分起壬初者為妥。不知盈縮是天氣。非方位。若論方位。應起壬初。而氣則不起於壬初也。蓋氣之來未至此方位而此方位之氣。已先萌於彼方位之下。非至此方位驟有此氣也。故盈縮之甲子。但取其氣動萌。不取其方位之所屬。古云。兆一氣於黃泉未發之先是也。盈縮者。常爲乘氣而設。古人於穴中作用。不曰乘龍。而曰乘氣。良有以也。蓋龍係後天之形。氣乃先天之氣也。立向者。立淨陰淨陽之向也。立向固以正針爲主。然以之消納。則于維有左右兼加。假如丙兼午爲火。兼巳爲金。楊公作縫針。以壬子兩山中分子亥。所謂二十四山雙雙起。則丙午二向屬火。巽巳二向屬金。辨五行生旺之向。單爲立向而設。餘試可以正五行不合。然後用雙山。不知論龍身之生尅。當用正五行。推砂水之吉凶。當用雙山。蓋正五行是五行之方位。雙山五行。是五行之氣也。故用正針以辨陰陽。楊賴皆然。

用正針以辨天星楊雖不設此盤然用盈縮以透地以暗藏中針在內非不識中針也用縫針以消水楊既設盤賴從而用之無容蛇添足也賴法得之會會法得之楊恐後人不知楊透地之法故設中針以疏明之耳寧有二法哉總之正五行從地支而定雙山從天干而出各有其用世之淺學但知方位不知方位之氣知北方是水水之氣不從北方始也實始於西南之申不向北方終也實終於東南之辰不識申辰爲水氣之始終故執正五行而不明雙山也夫南火北水東木西金十二支爲正五行也正五行靜而守位以待干氣之流行無地支生於某宮旺於某宮之法則烏得執正五行方位而欲去雙山天干用哉至穿山是穿坐山透地正透地脈穿山起於甲子壬

來透地起於甲子亥來先至之氣定龍後至之氣定穴不易之理也
古今素書六甲取主龍以山水推坐穴之吉凶寶鏡六甲取坐穴以坐
穴推山水之吉凶後人反以穿山格龍透地坐穴訛傳亂世真可歎
也再明細盤百二分金之用百二分金甲子起於子初壬子盡於癸
末實犯十二支之丑位蓋分金從日晷之子午而設縫針之子日晷
之子也惟以縫針定之則分金之十干始於壬半終於癸半人可無
疑於百二也賴公之中針常用之以辨龍楊公之縫針常用之以消
水能先向後而首尾之相從本一體也有何彼此是非之可詆哉試
可說賴盤之子先以正針之子正針之子先以楊盤之子二公皆以
先至之氣格龍又曰盤從賴制者從賴法從楊制者從楊法否則不

合氣之先後。試問何處之山川從楊法而生。何處之山川從賴而立。抑亦山川可賴可楊。任從用者之經盤。山川或楊或賴。聽於造者之偶湊。嗟嗟。有是理乎。夫以賴係曾之的傳。豈有背異於楊法。特不過補楊公之未備耳。蓋楊針是消水之法。賴針是格龍之法也。格龍固以正針為主。然以之格龍而不較之以賴針。則天星不清也。如正針亥為天皇。其近乾之一邊者。賴針亦是亥為真天皇也。近壬一邊者。即係正針之亥。却是賴盤之壬。則非真天皇之氣矣。所謂先將子午定山崗。却把中針來較量。亥是正針陰龍。當立正針陰向。故賴以中針格龍。正針定向也。然格龍亦有法。蓋龍則有一定。氣則不定於一。龍之上左右挨移。氣便不同。如西北一乳入首。從中格之則乾氣也。

移步過東格之則變戌移步過西格之則變亥不活潑潑聽人去乘乘乾便是乾乘戌便是戌乘亥便是亥只要乘得他來即爲貫穴之氣此中有活法作用之妙是地理家不肯輕傳之秘余志在闡明先賢未敢隱秘而不直說出也若定向又有法山爲陰氣水爲陽氣二氣融結而穴始成奈一則以靜而不動一則以走而不留性情各別誰能使山之氣通於水水之氣通於山歟此中賴有天意以媒之也天者何向也穴埋於地向翻於空空即天也蓋山艮爲少男澤兌爲少女二物相遇眷戀之情不期而生然不得其媒澤山雖感不姤也苟得其向則婚媾成而一氣相通失其向則談謗生而兩情睽隔地之成敗關於向然則向之所係非淺也但此向無形可見惟理可推

必詳審辨旋而後就夫山爲體水爲用向必配龍如左旋亥龍入首坐局在南者當立壬山丙向純淨相配天星相官能收起亥龍之氣謂之收山次觀明堂之水若左水倒右則當丙向兼午串縫針之丙向右去倒左則當去丙向巳串縫針之巳向依此兼加而水亦納山澤之氣相通矣至宿度五行要宗賴公中針禽星五行側乾坤艮巽四木辰戌丑未四金乙辛丁癸四土子午卯酉君火甲庚丙壬四火寅申巳亥四水以向定其吉凶向得則吉向失則凶其權操在人此所以爲妙道也故其撥砂法訣云砂法別來有五種生旺奴煞洩當明尅我煞見爲禍絕我生洩氣漸飄零我尅故砂爲財帛居官得祿且和平比和旺相丁財足生我之星號食神食神毓秀擬科甲君

作龍身更顯榮生不在向止及旺兩旺高明過一生如此理氣名宿度用以撥砂尖上輪然生尅以向之所屬爲主而以高砂定其吉凶也其中有身頭俱向穴者則情尚一倘不能如是或身背而頭向則穴宜見頭而不見身或身向而頭背穴宜見身而不見頭亦結美地反是便不成地矣況兩間必無匕煞之地凡大地必有煞有煞始有威權若畏煞而盡避反懦弱無用而失山川之眞性情矣何以爲消砂之法蓋經者宿度也二十八宿曰經星故曰分經消砂之法以向度爲主乾山巽向如辰金丙火二砂俱高若向木度爲煞爲洩大凶矣宜立巳向軫度水向水度則辰金爲食神丙火爲財神富而且貴最美之局也餘倣此又當審龍之枝幹局之強弱以辨地之大小氣

之盛衰而砂法之斷方驗。何也。砂爲賓奴。從而非主宰也。至若黃泉乃坐山之墓煞。乙丙向忌巽者。因辛壬山墓在辰。故忌來水。但黃泉之方。以靜爲妙。凡有動必凶。或有路行其方。有水往來其方。俱不吉。然水去稍可。水來則凶。有創爲救貧黃泉之說曰。辛入乾宮百萬莊。癸歸艮位發文章。乙向巽流淸富貴。丁坤終是萬斯箱。辛入乾局。辛向得庚水朝堂。出乾方而去。此四句是司馬頭陀四陰文庫之水格。與黃泉何涉。僞書說黃泉從四經出。乙丙是四經金局。金生在巽巳。忌水去冲破長生。此眞僞說也。四金向有六。予寅辰乾丙乙是也。何以他向不忌巽。只乙丙二向忌巽黃泉。止八干向有者。蓋八干向是八干坐山。干有墓煞。故有黃泉。所以忌來。僞說喜來忌去。亂扯此

訣以爲據其名曰救貧黃泉不知此是先天文庫四逆之訣蓋辛入
乾宮四句乃青囊文庫水格司馬頭陀演爲歌之句僞書托名楊公
世人不識其原此道之所以日訛也八煞者乃八卦之鬼爻也如乾
卦初爻起甲子四爻午火爲鬼爻故乾以午爲八煞訣曰坎龍坤兎
震山猴巽鷄乾馬兌蛇頭艮虎離猪爲八煞墓宅逢之立便休凡來
龍坐山俱忌見之今世所行羅經解不可不辨近得葉九升維經撥
霧集則太陽當空爝火息矣余心究有年窮源遡委羅經之所疑所
信爲異爲同深切著明俾學者不迷於所往云

○　正五行正針平分龍辨

世人談理氣其訛錯不勝辨矣中有最近人情最遠於道爲害最大

者有三一曰用正五行不用諸五行一曰用正針不用中針一曰用平分不用盈縮夫正五行而盡可用何必立雙山立空洪範一正針而能了明生旺天星之法則楊公何必設縫針賴公何必設中針平分若可測天氣則古法又何必立盈縮蓋高妙之道大多遠於俗情故於俗不近也抑知正五行方位之理也若測流行之氣必須雙山先天之氣必須洪範水路之生尅當用小立空非諸五行則吉凶茫然正針八卦地盤之位也若推十二支生旺之氣必須縫針占天星貴賤之氣必須中針若無中針則天星十二之用不明矣平分地盤方位之用也地體方而齊整天體圓而奇零龍用天氣非整齊者可測若去盈縮則龍法之天星貴賤無辨矣世人不推究精妙以趨卑

下淺易之途此道之所以日訛也。

司馬頭陀水格說

天干輕淸地支重濁而有煞逢太歲冲動則凶故水喜天干靑囊言之詳矣歌中有貪狼奇貴之格故司馬氏因之著水法人皆言公水法奇然公之水法悉皆生旺之理而妙於用干維之淸者也何奇之有哉

通氣總論

地理之道山水兩者而已故立向配龍所以收山也順水立朝所以收水也山水之道盡於二訣之中矣何以復有通氣訣之作乎蓋遵永禎訣以立向而或背於無事訣之水則得山而失水依無事訣以

消水而或背於永禎訣之向則得水而失山不幾二訣自相矛盾而山水必不全收乎不知法立其經道通其變使二訣之用活潑潑地兼錄楊公之截僞乘眞賴公之耳腰乘氣而理氣之妙用和盤托出矣

第一例以向配龍

夫龍穴既得又在得向而向非懸空以求之也亦即從此水此山中以審之焉經云順水立朝以山爲體以水爲用故立向立朝必以配龍爲主如左落亥龍入首堂局在南者當立壬山丙向純淨相配大星相宜能收起龍之氣謂之收山也次觀明堂之水若左水倒右則當丙向兼午串縫針丙向右水倒左則當丙向兼巳串縫針巳向依

此兼加而水亦無不納而山澤之氣亦自相通矣其在平洋或以龍以局或以浜頭之氣依上法配向

第二例移龍就向

古人於穴中作用不曰乘龍而曰乘氣妙哉其爲言也若言龍則一定不易矣蓋龍則一定氣則不一定也一龍之上左右挨移氣便不同如西北一乳入首從中格之則乾氣也移步東格之則爲戌移過西格之又變爲亥活活潑潑聽人去乘乘乾便是乾乘戌便是戌乘亥便是亥只要乘得他來卽爲貫穴之氣故此中有活法作用之妙所以古人不曰乘龍而曰乘氣也是地理家千金不傳之秘不肯輕與人說者余生平與人問道並不隱秘但此句亦不輕說何也以淺

陋之人聞之反怪駭而詆謗也然余志在闡明先賢之道至著書之際亦不能不說出移龍之法如寅甲龍入首而堂局止有庚酉辛三向可立龍陽向陰必難相配法當舍去寅甲於近北那邊斜乘卯氣入穴使其純陰不駁若左水倒右辛向酉向庚兼酉向俱可立若水倒左宜立庚兼申向辛兼戌向移寅甲爲卯氣以配陰局而山水可全收矣

第三例內外兩向

內外兩向者內向以收配龍外向以收明堂水法也堂局水向不能配龍入首龍氣不可移換山水二者必不能兼收於是立向之法一以收配局也堂局水法如子龍入首右水倒左堂局偏在巳不可立

午陽向欲移龍向則壬子一片陽氣不可移欲以午向配龍則明堂水城偏斜不成局只則內立午向以配龍氣外立巳向以收水尚而山水無不收矣此先賢最靈活之妙法處兩難之微權也

○第四例合龍就向

夫法至內外兩滿已無不可立之局矣又何以復有合龍就向之法乎抑知脫龍就局之地落脈散潤模糊欲移龍則認龍不真欲兩向則凶砂煞曜相逼只得合難就之龍而從有據之向也如子龍八首堂局在巳右水倒左欲立午向則午尖砂冲來欲立辰向而辰又爲坎之八煞當於本龍之上竟扦巳向以收堂局盡得水得向無不發福亦可享數十年之利矣

第五倒換龍換向

夫龍穴者天造地設之物也順其天成則吉逆其天成則凶此其權在天也人所共知抑知人可操其權則有移龍換向之法如乙龍入首可辛可戌面前左水倒右若乘戌而立乙辰向則龍賤而僅發丁財若乘辛而立卯向則龍貴而發貴秀若乘戌而反扦卯向乘辛而反扦乙辰則發凶禍一地之中可貴可賤可吉可凶故曰天成其禍福實操在人也夫以向配龍者法之正也移龍換向者法之變也內外兩向者變中之變也至若移龍換向則旋乾轉坤而造化在手中矣

賴公乘氣訣

天皇氣射天廐中。微加酉獸加壬行。天廐穴空始爲吉。左耳受氣官
班崇此右落亥龍左耳乘氣之法也。微挨加壬者使亥正貫入耳也
天廐穴空者。不令壬氣侵入左耳也。文字難明。爲圖於左。凡耳受之
法仝此。

天皇亥

天廐乾

壬　加壬	壬　不加
亥　回	亥　回
乾　穴空	乾　穴實

天市行龍太微向氣冲左腧官貴旺陰陽相見福祥來。二樞配合相

隨唱此艮左腰受氣法也挨加之法爲圖於右

天樞艮太微丙

二樞艮爲陽樞丙爲陰也

凡龍向相隔五位者爲腰受

金雞啼向扶桑東氣冲腦散虧神功庚辛受氣始爲吉官職宏伯資財豐此直龍直向法也直來直受則氣冲腦散庚辛受穴則直氣斜入而不冲也

癸 辰巽回卯向　此隔山取氣法也夾竹云隔
酉　此則冲腦　山取氣君須學
庚 辛兌回卯向　亥無鱗用用心求說也

賴公扶龍法

扶龍者扶起真氣放去雜氣使之清純也如辛戌雙行入首後龍節節是陰則宜放倒戌氣扶起辛氣立乾山巽向乘辛氣入右耳若後龍節節是陽則宜放倒辛氣扶起戌氣立辛山乙向乘戌氣入左耳能扶起真氣則發福攸久

借局法

如後龍節節是陰而入首盡陽不可用截偽扶龍等法則當於本龍

之上竟立陰向以配後龍雖近年未利而福蔭久遠也如後龍節節是庚辛酉而到頭局變作純坤申龍立艮向以配後龍也陽局倣此

楊公截偽存眞法

如卯龍八首而下一邊乳頭却擺轉數丈是乙面前流水是辛歸庚入丁長流去宜就卯立辛向截下邊乙氣吉若乘乙偽氣主絕

以上諸法若在平洋則從龍從向從浜頭之活潑潑動與山法同

○撥砂訣序

乘氣立向消砂納水理氣四大法也氣曰乘者乘之入耳也向曰立者立之配龍也水曰納者收其生旺也至砂爲龍穴之護衛而曰消者何葢砂爲臣僕若高大帶煞適足欺壓龍穴反逆生災非消之必

受其害也然砂有幾種所喜者三而獨曰消者專指煞氣而言煞氣之凶非生所能化故衆砂之中首讓煞氣次及其餘此砂之獨曰消也其消法用中針之方位者何凡山巒在地上應星辰故巒頭形象稱曰星體天星之中二十八宿爲經四繞黃道爲三垣外垣砂之四繞龍穴亦如其象故砂用禽星五行禽星與中針之方位合故用中針也夫乘氣配向當用正針辨水生死當用縫針消砂當用中針四法非一針所能辨故三針各司其用而後四法之用始無不足此法所以四而針所以三也余之三訣惟砂法所未備今將賴公砂法著明附後以全四法以足三針云

余著理氣三訣於收山出煞之法已全備矣但其中收山之法僅言收龍而砂則未及也夫龍固爲主砂實爲從砂若不收孤立無輔不成局矣可不收乎況凶砂高峙必主灾禍無法消之雖龍盡美終非盡善也故將賴公撥砂訣疏明於左以成完書云

撥砂總說二

或問論砂之法莫詳於釋長老三十八將此大五行法也次則吳公四八局此雙山五行法也今俱不收而獨取賴公宿度砂法者何也曰上二法皆所以辨天成之吉凶對中絲不得一毫人功余三訣皆不言作法是以人相天之事惟賴公砂法不論一定之吉凶而從向上撥凶吉如巽峰高大屬木作丙午火向則木生火而吉若於丁未

向則爲木尅土而凶聽人去撥向得吉則吉向得凶則凶其權操在
人此所以爲妙也故不取彼二法而獨取賴公撥砂之法云

中針禽星五行例

乾坤艮巽四木辰戌丑未四金乙辛丁癸四土子午卯酉君火甲庚
丙壬四火寅申巳亥四水

撥砂訣 八十八向巒理氣二十八宿入度爲理氣九形爲巒頭

砂法別來有五種生旺奴煞洩當明尅我煞見則禍絕我生洩氣漸
飄零我尅奴砂爲財帛居官得祿且和平比和爲旺丁財足生我之
星號貪神食神毓秀產科甲若作龍身更顯榮生不在向止及旺爾
旺宮明過一生如此理氣名宿度用以撥砂尖上輪角奎井斗皆屬

木軫壁箕參是水神胃女氐柳土之位亢婁牛鬼四金精觜尾翼室火最旺四日四月火同情星房虛昴四君火張心危畢相火輪

理氣既從星曜辨巒頭形體亦須明生見貪狼翰苑客生見巨門臺閣臣廉貞峰正官宰旺三台玉釜位公卿太陽金水為侍御廉兼破祿鎮邊廷才兼文武多剛斷文曲小貴亦馳名（已上論食神之巒頭）旺見貪很座科貢粟陳貫朽是文人若見巨門家富厚端方肥大重鄉鄰廉貞破祿廉威武大武三台重祿貞餘星但主丁財旺本主強旺亦榮身（已上論旺方之巒頭）財作貪很官祿厚僕從賢能聰俊人如作巨門人方正用人得力福非輕餘砂總是為財帛居家吉利最和平（已上論財神之巒頭）洩見貪狼人物秀家徒四壁不由人龍弱無拯當代絕龍強運絕苦何伶

如見巨門入愚濁傍砂無力絕家門廉貞壽筆多貧賤破祿強徒乞丐民雖是太陽金水體援砂不見亦難親（已上論洩氣之巒頭）致煞見人丁主立損貧很形體亦須嗔縱有三考生旺助定出軍丁強盜人餘星俱立八丁絕二三吉峰巒何足憑廉是屠刀凶受戮徒破家亡滅族直（已上論煞氣之巒頭）砂形貴賤雖宜辨龍亦不須枝幹舞何有整齊與參縣總以其中高下分

問答章

或問先後天二卦先天其本也羅經何以不用先天而用後天余曰先天是陰陽自然之次序與河圖五行火南水北東木西金靜而不動之方位故先天為體後天為用也河圖方位即後天方位故方位

必以河圖為主河圖一為水而居北後天以坎當之三為木而居東後天以震當之一三為陽方後天以乾坎艮震四陽卦當之二為火而居南後天以離當之四為金而居西後天以兌當之二四為陰方後天以巽離坤兌四陰卦當之河圖乃陰陽五行之正位後天從河圖而出羅經專為辨方定向而設故用後天八卦也又問方位既用後天而淨陰淨陽又用先天何也余曰方位雖有二天而二天從此八卦後天之卦即先天之卦也先天從河圖而出以五行為主後天從洛書而出以陰陽為主故言陰陽必先從先天也又問卦之陰陽不一矣乾父三男為陽坤母三女為陰此奇偶之陰陽也乾兌離震為陽坤艮坎巽為陰此兩儀之陰陽也乾兌為老陽坎巽為少陽坤

艮爲老陰離震爲少陰此四象之陰陽也三者皆卦象自然之陰陽都俱不用而以乾坤坎離當洛書之奇數者爲陽震艮巽兌當洛書之偶數者爲陰何獨取此也余曰上三者是分陰陽陰陽皆對待而不流行若陽進陰退之妙用惟洛書之數得之故淨陰淨陽用洛書之數也若用上三者之陰陽則板死而不靈活焉能運用天地之樞紐乎又問洛書得陰退陽進之義若何余曰此不可以言說明當觀其圖而自見也

陰	一坤母	二巽長女	三離中女	四兌少女	退
陽	六艮少男	七坎中男	八震長男	九乾老父	進

一二三四從坤而退至兌六七八九從艮而進至乾此所謂陰退陽

日干數

甲一乙二

丙三丁四

戊五己六

庚七辛八

壬九癸十

進也卦既從數之序而卦之奇偶爲陰陽此淨陰淨陽用洛書之故也。

或問天地無二理而圖書之位何以不同余曰河圖者陰陽五行對待定位也洛書者陰陽五行之妙用也河圖一北二南三東四西五中一二自下而上三四自左而右五則合是四者之所成而統御四者撰載四者也此天地之生數也於是一得五而成六二得五而成七三得五而成八四得五而成九五得五而成十此天地之成數也一三奇而陽故東北爲陽二四偶而陰故西南爲陰此兩儀之對待也然陽無陰則附陰無陽則倚故生數陽者成數必陰生數陰者成數必陽此陰陽之相合也成數既立於是陰陽又分老少焉七九爲

陽陽主進故七爲少陽九爲老陽六八爲陰陰主退故八爲少陰六爲老陰老少既分陰陽乃交一老相交故一四合爲五一九合爲十四六合爲十六九合爲十五二少相交故二三合爲五二八合爲十三七合爲十七八合爲十五東西相合而成其中數故老少則不能相合以成五十之數矣此四象之對待也五十爲土土生四九之金金生一六之水水生三八之木木生二七之火火生五十之土此五行左旋順行也火南水北木東金西同拱中土此五行之對待也木水土生陽而成陰內剛方而外柔順君子之道也金水生陰而成陽內深隱而外殘忍小人之道也此五行對待各以類從也至於八爲卦數七爲蓍數九六爲爻數易道莫不出於河圖河圖之外不可以

言盡然不過明陰陽對待之定位而已洛書則中五立極戴九履一
左三右七二四為肩六八為足四正皆奇四隅皆偶四正一氣所攝
故用奇四隅二氣所交故用偶也不用十者暗藏於對待之中一九
二八三七四六縱橫十五不用十而妙用夫十者也河圖一二三四
各正其方洛書則先定其一三六八於東於北而二四七九各配十
以相對以陰配陽之義也圖之定位則水火木金相對而相尅其流
行則左旋而相生書之定位則一六之水對四九相生之金二七之
火對三八相生之木相對而生其流行則中五之土尅一六之水水
尅二七之火火尅四九之金金尅三八之木木尅中五之土右旋而
相尅非生不生長非尅不收成也洛書之位正在隅奇而皆偶不用

坎離相向震兌相向艮坤相向爲配向第一義

或問經盤之用俱用淨陰淨陽相配乃陽宅却不用而用東西分卦者何也余曰天設地造之物謂之先天先天當用洛書之淨陰淨陽故占龍配向陽宅仍用淨陰淨陽之法人爲之物謂之後天後天當用卦畫之陰陽老少故陽宅之房門戸用陰陽老少之法乾兌二卦從老陽來坤艮二卦從老陰來老宜配老故四卦相合以其在西者多故曰西卦也坎巽二卦從少陽來離震二卦從少陰來少宜配少故四卦相合以其在東者多故曰東卦也東西分卦者老少得宜相配之道也又問翻卦如是又必分九星乎余曰九星者吉凶之名也卦之吉凶既定於吉卦加之以吉星凶卦加之以凶星以辨翻卦運

用非因是星而吉凶者也先賢好用此名色亦是民可使由不可使知之意余嘗從卦象以推九星於四吉之中當以巨武二門二房為假善貪輔二星不如何也如乾之貪在兌輔在乾二卦同出於老陽不得陰配武在坤巨在艮同出於老陰為老陽之正配故貪輔雖吉不如巨武之有氣也

或問九宮論宅之與八宅不同亦不知何如余曰氣運衰旺從九宮而推用九宮之法乘旺局開旺門以迎旺氣乃合經從權之妙用若夫經常之道必以八宅為正如一宅而數百年皆吉豈時時移易門向哉但宅戶合法則然耳

或問正針雙山五行所以論龍但壬子同宮而壬子上半是亥今俱

卜而暗用十先立陽而配以陰對用生而行尅此皆陰陽之妙用也
河圖之定位相對而相尅其用則左旋而相生以嚴正而行慈惠故
天以春而生萬物王者以有禮制以定民生洛書之定位相對而相
生其用則右旋而相尅以殺伐妙其仁慈故天有秋冬以成萬物王
者以兵刑以格不順觀於河洛可以悟天道識治道矣又問堪輿家
用洛書而不用河圖何也余曰圖靜而體立書動而妙用八卦配洛
書方合陽進陰退之道且圖用生而撥緩洛用尅而應速故淨陰淨
陽常用洛書也又問洛之四正爲陽何以陽反不吉余曰四正是常
氣其性情剛烈則多禍故不取也然聖賢仙佛忠義節烈豪傑英雄
多發於陽龍皆正氣之所鍾也但世人只取福澤厚利故不取陽龍

耳。又問孤陽不生。獨陰不長。而淨陰陽之法。則陽龍宜陽向。陰龍宜陰向。取純淨而不配合。何也。余曰。此陰陽是書數之陰陽。非畫卦之陰陽。畫卦之陰陽。取卦畫相配不同。卦畫以數之奇者為陽。即坤離之陰卦亦為陽。以數之偶者為陰。即震艮之陽卦亦為陰。惟奇與奇配。其數成偶。如一九為十。一三為四。一七為八也。偶與偶配。其數成偶。如二四為六。二八為十。二六為八也。偶則配合矣。若奇偶相配。反奇零而不偶。故淨陰淨陽。陰陽不配合。正以其配合之用耳。况四正為正氣。四隅為偏氣。正與正合。偏與偏投。陰陽各得也。於純淨之中。得龍向合成十數者更妙。如乾九坤一。既合成數之偶。十數為洛書之正配。又得卦畫之陰陽相配。則為卦中之夫婦矣。故乾坤相向作水論。恐未爲妥當。余曰。論龍用中針天盤。天盤壬子正指壬子之中。故壬子二山俱屬水也。雙山雖係正針之位。實係天盤之用。若天盤之子午。與正針差半位。以正針應之。正是壬子同宮也。如地盤子午。以楊盤縫針應之。正是壬子同宮也。消砂納水。用楊盤之壬子。雖係縫針之位。實是正針之用耳。論龍用中針之氣。借用正針之位。消納用正針之氣。借用縫針之位。如雙山爲中針之用。則用壬子同宮不犯夫亥矣。

或問盈縮龍起於正針之亥末。夫壬前半尚是亥宮。則甲子反全起於亥矣。甲子是子宮之六甲。何以不起於子而起於亥。子名亥實。不亦訛錯之甚耶。余曰。甲子不起於正針之亥末。而起於正針之壬中。

葢天盤之子分起於天盤之壬半終於天盤之癸半故甲子宜起於天盤之子初非起於亥也又問甲子起於天盤之壬半則甲起室七度今起室十度却先三度何也余曰甲子應大雪上候大雪之氣不自子宮而驟生宮前三度已漸至矣又問審若是當不僅三度矣何以必三度也余曰天之數三百六十其小數爲三十六三度爲一日三日得三十六時故用三度則合天數多則不合也如今星命家推運法以三日爲一歲一時當十日亦以三百六十之故而用三日也又問其度有濶有狹也何哉余曰此盈以應度縮以應候也葢以龍分當六度七分以龍應候僅得五度六分故曰或當濶以應度狹以應候也其龍得度之濶狹者葢斟酌於度候二者之中以定之者也

細推算之自見又問龍之濶狹既從推算而得何以古人謂上應天星分度之濶狹似二說不相蒙余曰理之所在氣即應之推之常如是則天星分度亦如是又何疑焉或問龍用天盤先至之氣穴用地盤後至之氣何也余曰氣行於天形成於地龍動而行氣者也地之氣即天之氣當用天盤之方位若穴乃地形之所結故辨穴之方位當用地盤也又問地之氣即天之氣何有先後至之異余曰氣發於天次及於地又次及於人故天氣最先天氣子月一陽生至巳而六陽足天氣此時已甚熱而地與人則未甚熱地至丑月一陽方生至午月而六陽始足故地氣充盛而黴作人未酷熱也人至寅月一陽方生至未月而六陽始足人間炎威正赫古云天開於子地闢於丑

人生於寅，維是原會運之說，然一歲之中，而天地人之氣莫不皆然。是天地固一氣，而漸及有先後，故有先後至之異。

或問空亡差錯何義也。余曰，地支止有十二，其十二界縫，正當八干四維之中，故其中一度曰大空亡，七十二龍以應七十二候，縫中無管攝處曰小空亡，十二支正中一度，乃中冲之鄉，為節氣之界，故曰差錯。二十四縫中無人管攝，兼為八卦之縫，且為淨陰淨陽交界之所，故曰陰陽差錯。百二十分金，戊己當每山正中，為洛書中五無用之鄉，故為聽甲空亡。甲乙壬癸納於乾坤坎離四卦，四卦九六不冲和，故曰孤虛。宿度五行相尅之處，尅彼者曰關，受尅者曰煞，總之皆無氣之鄉，尅戰之地，須坐度故避也。

或問乙丙趨戌辛壬聚辰牛納丁庚坤收癸甲玉尺之説也今解者云二干是龍一干是向如右旋多亥龍是乙木並丙向而出戌口曰乙丙趨戌不知是否余曰乙丙木龍並丙向曰乙丙趨戌審若是則非八干向有水口而四維地支十六向皆無消水處矣有是理乎不知龍法用二十四山正針用雙山五行每行分六山審龍之左右旋左旋者爲四陽之氣右旋者爲四陰之氣如乾亥甲卯丁未六龍四來左旋者爲甲木龍右旋者爲乙木龍也山雖有二十四而氣總歸於八也向法以縫針二十四山用三合五行每行分爲六山而審水之左右倒倒右者爲四陽之氣倒左者爲四陰之氣如丙午向倒右者爲丙火氣倒左者爲乙木氣也向雖有四而向總歸於八也龍有

八干論水之法向亦有八干兩不相蒙不必相配玉尺四句乃是發明八干氣之流行使人知所以然如乙丙句言乙木之氣生午旺寅丙火之氣生寅旺午而同墓於戌故二干之氣必至戌而始得相交若水不能至戌則乙不能交丙丙不能交乙夫婦不交不能成其生育之功若水至戌即爲乙丙相交也此論其理不粘在龍向上說既知其理於是審龍而觀水口可以知龍水之交不交審水口爲某氣之交則知當用某氣之向以收水也世人俱粘在龍向上說故將此四句解壞矣實葬乙龍丙向丙龍乙向即丙龍艮丙辛寅午戌六龍同氣俱火局乙龍乙木生午旺寅墓戌右旋陰木是也

或問四大水口之說可以盡水口之妙用否余曰天地之化無窮汝

見山川之水法俱在辰戌丑未否若水必出此四口則四大水口焉能盡水法之用乎抑知水法有先後天之分後天爲墓庫先天爲支庫而先後天俱有正借之法四大水口僅後天正墓庫之一門耳正墓之外尚有三門曰借墓庫曰正支庫曰借支庫墓庫兼絕胎兩支并干維得六位支庫兼冠帶一支并干維得四位兩墓共十二位兩支共六位每一干有十八位水口二十四山處處皆可出水二十四山山皆有水出但要立向消納如法耳其執四大水口以言水法者皆不知先後天之水法也

又問正四門十八水口從何知之答曰亦不過推八干之氣耳如丙火之氣出戌是正墓庫若是出未借墓庫出卯是支庫出巳是借支

庫是丙之祿位黃泉可去不可來也正庫有墓胎絕三位并于維共六口借墓庫有衰病死三位并于維共六口正支庫有沐浴冠帶二位并于維共四位借支庫有沐浴冠帶二位并于維亦是四口但冠帶之位與沐浴支庫相近故同二口共六位為十八水口也

又問從何處推論八干之氣余曰亦不過從龍向耳如正針艮丙辛寅午戌龍左旋者為丙火氣縱針艮寅丙午丁未六向水倒左者推丙火氣也

又問既有十八位水口則出水之位甚多而向上可消水矣余曰不然如艮寅向左水倒右水出縱針甲卯乙辰巽巳六位為支庫及借辰巽庫則吉若流破丙午為旺則大凶矣向豈可亂立耶

又問生旺墓三向何以復有衰向之說余曰墓衰二向同是丑未八位以地支三合言墓向但以八干流行之氣言爲衰向卯未故爲亥卯未之墓向但坐丑向未甲木之生方在亥隔在坐山之右不敢左旋而行至未癸水之生方在卯隔在坐山之左不能右旋而行至未故左水倒右取丑左寅位丙火之氣右水倒左取丑右子宮辛金之氣故未爲丙辛二氣之衰向非亥卯未之墓也總要收得生氣上堂不破旺方始吉

又問四十八龍有消不出水之口奈何左旋乾亥龍甲木之氣甲木墓未今龍從未坤方起祖來水安能出未也右旋辛金之氣辛金墓辰今龍自艮巽方起祖來焉能出辰乎余曰水何嘗從大墓口出也

水口分先後天犬墓之口後天之口也更有先天爻庫左旋亥龍水出壬子癸丑右旋癸龍水出辛戌乾亥俱先天爻庫四位如何有消不出之水歟

又問文庫出水古有是說否余曰第一位文庫詩曰屯軍山巧要祇回水去峯堆進橫才二位詩曰武曲庫山高青遠明堂水去要無餘三曰屯軍山巧號兵機水去長流不可歸寶馬紅纓近碧天明堂水去要之玄又楊公曰更有明堂來去水文庫大小俱得位是也

又時師云八山尋水口但覩水出何口便知是何龍結作如水出辰口便知內是左旋水龍右旋金龍何也辛壬會而聚辰余曰此大邪說也八山尋水口此是巒頭之說水口緊裏面寬此必有地若水口

竟裏面淺窄必不結地引以爲理氣之說都不大謬若水出辰口便是辛壬之氣若水出巳丙則内是何氣水出借庫文庫口者多何嘗專出四墓口也若專泥四庫口則一口内只有一地假如一大水口内有二三十里田疇三面但有龍來結穴豈止辛壬之氣如左旋亥龍作壬山丙向作陽火局生寅沐卯官巳卯辰巽巳亥庫俱可出水但午上水可來不可去若收得寅午水出卯辰上吉若右旋乙木龍亦合乙向巽流清富貴乙木生午沐巳巽亥庫也豈可執一死局爲的則内有多少好地竟自悞了豈不可笑

或問有云忌來黃泉之水有忌去黃泉之水何如余曰黃泉乃坐之墓煞乙丙向是辛壬坐山辛壬墓辰巽與辰同宮故乙丙向忌辰巽

大忌水來冲激爲禍但黃泉以靜爲吉有動必凶有路行砂尖但主禍然水去尚可但要無聲响亦不佳
又問時師云乙丙防巽賓乙丙是四金向金生在巳故忌水流巽方冲破長生其說只忌水去余曰僞說也四經金向有六子寅辰乾丙乙是也何以彼四向不忌只乙丙向忌巽乎黃泉只八干向有者此八向是八干坐山之墓煞也故曰黃泉
或問救貧黃泉之說何如余曰辛入乾宮百萬庄癸歸艮位顯文章乙向巽流清富貴坤申終是萬斯箱此司馬公三合連珠水格並非黃泉乃陰向四沐浴交庫與黃泉何涉辛入乾宮百萬庄辛金生子逆亥是沐浴爲文庫又爲桃花煞水去爲合格來則大凶爲青扯爲

救貪黃泉豈不大悞耶。

或問司馬水法大異曾楊之說水法寧有二理乎余曰司馬水法原是楊公所貴貪狼二句之註疏司馬因人不解四陰文庫放水故作此歌以明之豈有異哉

又曰丙午向水自艮寅來出辛戌去此陽火局生來墓去今司馬公貪狼格丙向反要辛水上堂出艮爲貴此乃墓煞倒冲生矣豈不大異楊公乎余曰非也陽火局丙向加午者寅來戌去合法如丙向水倒右則加巳向便爲陰火局丁火生辛酉旺巳墓丑艮而去何爲倒冲生左司馬是加巳之丙向非加午之丙向是右水倒左之局非左水倒右之局立向要看水倒左或倒右在向上去挨加爲妙此方是

活法

又問彼何不酉巳丑而言辛丙艮何也曰水格貴輕清故用干維不用地支辛丙艮則合八干四維不神入中神中神入大神之格若來酉去丑則水流地支非清貴之格也司馬故不言酉巳丑而言辛丙艮也

或問砂同龍穴之用先賢論水法每詳砂法何畧也余曰水爲龍正配其驗速而砂爲龍之奴從其效遲故先賢論在後砂水二位水法從向砂法從龍以龍之來方高低占人丁以官旺方之秀美占水祿以墓絕方高壓爲凶如乾甲丁亥卯未六龍屬木左甲右乙乙木生午旺寅其方砂高聳秀美則丁才大旺楊公云坎癸騰騰入寅乾丙午

夾蛇抒午寅卯山高聳起生田制萬傾右旋亥龍乙木之氣故云然
也水動而多變法亦轉折多端砂則靜而守位法亦宜直捷也總要
開面有情至若催官專在賴公禽星宿度爲的
或問古羅經三十八將以論砂法不知有驗否余曰此法甚驗大凡
大地俱要用此占斷如杭城坤水土龍酉辛方爲文曲艮寅方爲廉
貞古云文曲多山俗尚虛廉貞姤主大臣持柄廉貞係半山其方爲
官國主宰輔之職半山面向東北反背杭城故云然後果出秦賈等
輩又問龍從地起有吉有凶水自天來爲清爲濁本楊公群龍須向
地中行萬水盡從天上去也解云龍宜走於地支水要行於天干後
賴敬仙不然其說不知何說是余曰本文言之甚明龍從地起有吉

有凶則不耑以地支龍爲吉矣水自天來爲清爲濁則不耑以天干水爲清矣其楊公群龍須向二句不是龍水干支之說是言正針縫針之用正針爲地盤凡辨龍之陰陽純駁宜用正針地盤故曰群龍須向地中行縫針是天盤凡辨向水水之生旺死絶宜用縫針天盤故曰萬水盡從天上去與此二句無涉玉尺註中更扯作證甚非

或問賴公以中針爲地盤正針爲天盤楊公以正針爲地盤縫針爲天盤又中縫二針俱稱天盤何也余曰中針耑主龍縫針耑主向水而正針則龍向水俱全用也辨龍之天星用中針辨龍之淨陰淨陽并辨向之陰陽俱用正針辨向水之生旺用縫針故正針又主龍主向也賴公以中針辨龍之天星以正針辨向之陰陽故以中針爲地

盤正針爲天盤楊公以正針辨龍之陰陽以縫針辨向水之生旺故以正針爲地盤以縫針爲天盤俱取龍從地上行向從天上立之義若中縫二針俱稱天盤者中從地極之偏於壬而設原係天之方位故稱天盤也地以八方定位天以十二分野縫從十二支而定亦是天盤也二針之所以稱天盤者以此或問四經水法有以干維爲陽向順起長生地支爲陰向逆起長生有以艮寅甲爲陽向順起長生卯乙辰爲陰向逆起長生有以水之左右倒分陰陽以起長生三說孰是余曰三位爲陽三位爲陰乃鴻門水法非四經之用也隨水之左右倒分陰陽乃一　今用法非經之例也惟以干維爲陽向地支爲陰向者方是正法然四經向法是三合巳前之例未爲精當可不必

用

又問龍者主也向者賓也若水法從向悉取向家之生旺是益賓損主矣恐未爲妥余曰龍亦非主向亦非賓夫地道者合水土而成者也地陰爲山地陽爲水陰陽交度水土融結而始成穴固在地而此二者之交不交結不結非地之所得自主有天以主持之也龍行於實向朝於空實爲地空爲天不得其穴爲失地不得其向爲失天地無氣以天之氣爲氣天地原是一氣之貫通不得分賓主爾我者也況天爲地之主宰不得其向則水土無以爲之主持陰爲正反遂水土且背馳龍氣亦離散矣寧僅失在水法耶故曰無絕穴有絕向得天不得天之故也水待向之生旺是得天之生旺天之生旺即地之

生旺世人覌界小只得見穴之在地不知主之在天故云倘若知此
則不特水法當從向龍穴何嘗不從向乎
又問水法從向如子山午向水從酉戌方去謂之合後天水從卯辰
方去謂之合先天余細審之向之後天即坐之先天向之先天即坐之
後天則謂之從坐亦可矣何以見水法從向乎余曰如此看去謂從
坐亦可但水不從卯辰酉戌去倒右之水却從坤申方出倒左之水
却從艮寅方出出坤申冲破坐山之生方却有福無禍出艮寅方出
則冲破向之生方便大凶敗絕山之生方可破向之生方不可破故
知水法從向不從山也即公羅盤止有正針盈縮穿山分金四盤雖
無中縫二針而盈縮巳包中分經巳包縫如用正針子午雙山格龍

卽盈縮六十中針之位也。用正針子癸宮分金。卽縫針臯景之位也。盈縮從天星起。甲子於正針之亥末。五子正當中針之子位。中針之用也。

七十二從八卦。起甲子於正針之壬中。五子正當正針之子位。正針之用也

百二十從地支。起甲子於正針之子初。十子正當縫針之子位。縫針之用也

中主天星以辨龍。正主八卦以辨龍向陰陽。縫主地支生旺以消砂納水。曰三針。盈縮六十。爲辨龍之細法。穿山七十二爲坐穴之細法。百二十分金。爲分金之細法。曰三盤。三針三盤。爲扦作之必需。故集

為正盤。其餘層數。皆所以輔佐此三盤之用。

消砂納水。當以縫針為妥。蓋縫針即十二支位也。如甲木生亥。若用正針。則以亥壬為長生。然壬子下半。畢竟是子非亥。用縫針以亥為長生。則全在亥之內。無兼前跨後之弊矣。惟龍向陰陽。通日神煞。所當從正針。以縫非正位。不得論二十四山之凶吉也。故楊公論縫針曰。二十四山雙雙起。雙雙起則二十四山位仍歸十二支位矣。蓋正針從八卦出。一卦三山。三八而二十四。故辨方定位。用八卦者。的從正針。縫針從地支出。一支雙山。重十二而二十四。故起生旺墓絕。用地支者。的從縫針。二八者。百二十分金之用也。三七者。七十二龍之用也。皆出於二百四十分數。

二十八宿界限。此開禧二十八宿之分度也。每度作百分。太度是七十五分。少度是二十五分。半度是五十分。共成三百六十五度四分度之一。即零二十五分。

陽宅子午煞方位捷訣

此雙山論十二地支。順佈二十四山。係先天八卦。乾南坤北離東坎西。

乾亥巽巳騎馬走（先天乾南屬午火）　甲卯庚酉向虎遊（屬木）

坤申艮寅入鼠位（坤北子故屬水）　丙午壬子兎封猴（屬金）

癸丑丁未原屬犬　乙辰辛戌龍上求

此是楊公真輿訣　切勿輕易傳匪人

如乾亥二山丙午方起子即是子煞乃向上退一位起子順數十二
支
丁未丑　戊申寅　己酉卯　庚戌辰　辛亥巳　壬子午
癸丑未　甲寅申　乙卯酉　丙辰戌　丁巳亥

都天煞捷訣

教君都天正建起入卦順行自艮始尋到何宮去太歲太歲泊處逆
戊子。逆建除滿平定執破而止。又於破上順正月凡值四季中宮切。
再將破位逆羊刃。飛刃疊刃血刃皆宜慎鸞喜重暗共八位有吉有
凶言諄諄正建順行尋戊己重小三刃皆中地泊在何宮屬何月入
中帶官冲并忌。

坤破羊刃正月　兌執飛刃二月暗箭　乾定四月重遊甲辰太歲

甲　十二月小刃　三月戊煞

辰　離飛刃十一月　坎天喜血刃五月

年　九月重刃　六月巳煞

巽建叠刃十月　震除血刃八月　艮滿紅鸞七月

坤建重遊十月　兌平暗箭十一月　乾破羊刃正月

乙　十二月巳煞　五月重刃

巳　離除暗箭八月　坎挑飛刃太歲二月

年　九月戊煞　六月小刃

巽滿羊刃七月　震平血刃五月　艮定叠刃四月

地理卷七終